四特 教育系列丛书 SITEJIAOYUXILIECONGSI

U0576836

育人先做人

《"四特"教育系列丛书》编委会 编著

吉林出版集团股份有限公司
全国百佳图书出版单位

图书在版编目（CIP）数据

育人先做人／《"四特"教育系列丛书》编委会编著．
—长春：吉林出版集团股份有限公司，2012.4
（"四特"教育系列丛书／庄文中等主编．教师全方位
修炼）

ISBN 978-7-5463-8767-3

Ⅰ．①育…　Ⅱ．①四…　Ⅲ．①中小学－教师－修养
Ⅳ．① G635.16

中国版本图书馆 CIP 数据核字（2012）第 045108 号

育人先做人

YUREN XIAN ZUOREN

出 版 人	吴　强
责任编辑	朱子玉　杨　帆
开　　本	690mm×960mm　1/16
字　　数	250 千字
印　　张	13
版　　次	2012 年 4 月第 1 版
印　　次	2023 年 2 月第 3 次印刷
出　　版	吉林出版集团股份有限公司
发　　行	吉林音像出版社有限责任公司
地　　址	长春市南关区福祉大路 5788 号
电　　话	0431-81629667
印　　刷	三河市燕春印务有限公司

ISBN 978-7-5463-8767-3　　　　　定价：39.80 元

前　言

学校教育是个人一生中所受教育最重要的组成部分,个人在学校里接受计划性的指导,系统地学习文化知识、社会规范、道德准则和价值观念。学校教育从某种意义上讲,决定着个人社会化的水平和性质,是个体社会化的重要基地。知识经济时代要求社会尊师重教,学校教育越来越受重视,在社会中起到举足轻重的作用。

"四特教育系列丛书"以"特定对象、特别对待、特殊方法、特例分析"为宗旨,立足学校教育与管理,理论结合实践,集多位教育界专家、学者以及一线校长、老师们的教育成果与经验于一体,围绕困扰学校、领导、教师、学生的教育难题,集思广益,多方借鉴,力求全面彻底解决。

本辑为"四特教育系列丛书"之《教师全方位修炼》。

教师的职业是"传道、授业、解惑",教师的职责是把教学当成自己的终生事业,用"爱"塔起教育的基石,用自己的学识及人格魅力,点燃学生的兴趣,促进学生的健康、快乐成长。

俗话说:"教师不能半桶水。"学生专业知识水平的高低,很大程度上受老师知识水平的制约,如果教师在教学中对教材分析不透,对知识重点把握不准,要点讲解不清,那么学生听过他的课就会产生一种模糊的收获不大的感觉。因此教师必须知识广博,语言丰富,学生才能学到真正的知识。本书从新世纪、新时代经济和社会发展的要求出发,从理论与实践的结合上,对新世纪教师素质及其修养的一系列问题,做了比较全面、系统、深入的阐述。应当说,这是一项十分有意义的工作。

本辑共20分册,具体内容如下:

1.《师魂》

教师被人们称为"人类灵魂的工程师",担负着传授知识、传承文明、培养人才、提高民族素质的光荣任务。教师的最高境界需要"忙人之所闲,闲人之所忙",从有到无,从无到有;从看教育是教育,到看教育不是教育,再到看教育还是教育,这就是对教育的最大贡献,让人的精神生活世界有生机、有活力、有智慧。

2.《以礼服人》

作为教师,我们要正确领会礼仪、礼貌、礼节、仪式和教师礼仪的概念,领会礼仪的地位和作用,掌握教师礼仪的原则、方法,坚持科学发展观,为构建社会主义和谐校园而奋斗。教师的一举手一投足,甚至一颦一笑,都蕴含着教育的力量。本书从教师的个人形象、教师的服饰、教师的语言、师生关系礼仪、教师与家长沟通礼仪、同事共处礼仪、集会礼仪和社会交往礼仪等方面,系统阐述了教师礼仪的一些基本常识。

3.《教师的一生修炼》

本书将重点探讨如下诸方面的理论与实务:职业规划——自我实现的教育生涯、如何设计职业生涯、职业发展规划行动、教师入职与离职规划、新教师角色适应规划、教师专业发展规划、校长成长规则、职场诊断与修炼、潜能开发以及享受学习化教育生活等。

4.《育人先做人》

教师是学生智慧的启蒙者,学生未来的引领者。教师的质量决定了教育的质量。教师的品质决定了教育的品位。教师人格的完善能够提升教育的水准。教育职业对教师人格提出了严格的要求:在教师自身的人格教育中不断提升自我,完善人格。人格教育是一生的工作,提升自我、完善人生会伴随一个人一生的历程。

5.《教育语言随心用》

本书内容涵盖了教学语言艺术和教育语言艺术训练的方方面面。从宏观综论到微观剖析,从课堂艺术到辅导艺术,从艺术对话到精彩演讲,从个性张扬到群体发展,从全体教育到特殊教育,质朴无华,内容充实,观点鲜明,为教师深入研究和准确使用教学语言和教育语言提供了可以借鉴的经验。

6.《师者无敌》

本书编写的基本理念是:从内容构架而言,以促进教师对自身职业的理解为基础,以增进教师职业人生的完善为基本目标,以启发、引导的方式来促进教师德性的自主形成;从编写形式而言,力求摆脱单一的理论说教,从当代教师职业生活实际出发,抓住主要问题,采取生动、灵活的语体形式,把精要的论述与典型的事例结合起来,注重该书的可读性。

7.《教师的信仰》

职业精神是教师不可缺失的最本质的东西。一个教师能不能成为好教师、名教师,关键是有没有职业道德,有没有职业精神。今天的教育,缺的不是楼房,而是文化与技术;缺的不是理念,而是行为与操作;缺的不是水平,而是责任和精神。教育的希望,在于教师良心的回归、精神家园的重建。只要有了良好的精神状态,我们就有战胜任何困难的勇气,就有奋然前行的动力。

8.《看透学生的心理》

学生的心理困惑从何而来?概括来说就是一"高"一"低":高,学生是个承载社会、家长高期望值的群体,自我成才欲望非常强烈;低,其心理发展尚未成熟,缺乏社会经验,适应能力较差。正是这欲望与不能之间的矛盾造成了学生的心理问题。我们编写了本书,是期望引导老师与青少年共同克服这一难题,去打开人生的成功局面。

9.《卓越教师》

突出骨干教师的培训,既是加强中小学教师队伍建设的当务之急,又是提高教师质量的长远之计。本书在编写上提倡以培训学科带头人为目标,以现代教育思想、现代教育技术、特级教师的学术报告以及当前教改的热点问题为研究内容，源于实践又高于实践，可用做骨干教师的培训教材，也可用于普通教师的自我阅读与提高，以期使教师在不长的时间内达到或接近特级教师的水准，成为学科带头人。

10.《与学生打成一片》

如何做最受学生欢迎的老师，是每个老师都要思考的问题，也是每个老师都希望的，学校的课程很多，语文、数学、英语、科学、音乐、美术、体育等等，每门学科都有自身的特点，每个学生都有自己的喜好，我们都能真正做到让每个学生都欢迎吗？本书将教会教师们怎么样靠自己的才能和高尚的品德赢得学生的喜欢和尊重，让每一个教师都能成为受学生欢迎的教师。

11.《培养教师爱岗敬业精神》

本书从教师的角度，阐述了教师爱岗敬业所带来的深刻变化，介绍了如何爱岗敬业的途径和方法，从勇于负责、乐于服从、热情专注、自动自发、团结协作、勤奋努力、敢于创新、节俭高效等方面，结合大量教育实例和人生哲理，向广大教师提出了爱岗敬业的崇高理念和修炼方法，期盼每一个教师都能从中受益。

12.《教师职业道德与素质培养》

当前，各级教育行政部门和社会各界都非常关注师德建设，师德教育已经被列为教师继续教育的重要内容之一。本书以专题研究为主线，以典型的案例及案例分析为依托，从教师工作、生活实际出发设置情境、提出问题，突出师德教育的操作性和实效性。本书将适应新世纪对教师职业道德建设的需求，该书也适用于在校师范生以及申请教师资格者学习。

13.《教师怎样提升教学质量》

每位教师的心里都有一个美好的心愿，那就是都想使自己的教学质量得到最大程度的提高。众所周知，教学质量是一个学校的生命线，如何提高教学质量是我们每一位教师时刻都在研究、都想努力做好的一件事。要让教育不平凡，出路就在于能突破平常很容易被封闭的平庸局面。优秀的教师，会善于用智慧慢慢凿开通向教育风景的出口。

14.《教师快乐工作指导》

教师工作细致而繁琐，教师不仅要组织好各种教育教学活动，还要保证学生的身心安全。长期的忙忙碌碌、精神高度集中，教师容易产生麻木、倦怠、疲劳的职业状态。为使教师们消除职业倦怠，学会快乐地生活，愉快地工作，需要多渠道支持帮助教师们进入积极健康的工作和生活状态，从心理、物质和精神上给予帮助和支持，让教师感受到集体的关怀和温暖。

15.《教师工作减压指导》

当教师很累，这已经是所有中小学教师共同的感受。中小学教师劳动强度很大，长此以往，就很容易使教师患上疲劳综合症，导致未老先衰，甚至英年早逝的恶果，对教育的可持续发展和教师队伍的稳定十分有害。中小学教师的过劳问题应当引起政府有关部门的高度重视,以人为本的科学发展观要落到实处,不要仅仅停留在口头上。作为教师个人,我们不要只等待有关部门的措施,必须想方设法给自己"减压",以防被疲劳综合症缠身。

16.《教师文娱活动指南》

与家人、朋友一起开开心心消费课外时间与星期天,使身心从工作中彻底解脱出来,得到完整的休整,全面地恢复。要知道工作是永远干不完的,是没有最好的。我们需要多看到一些明天的太阳,让照亮别人的蜡烛燃烧得时间更久、更久……

17.《教师心理健康指南》

随着竞争愈来愈激烈,教师的工作节奏日趋紧张,精神上容易产生巨大压力,精神上和身体上的超负荷状态对健康是非常不利的。如果不注意休息和调节,中枢神经系统持续处于紧张状态,会引起心理过急反应,久而久之可导致交感神经兴奋增强,内分泌功能紊乱,产生各种身心疾病。本书力图从教师职业发展的实际需求出发,注重必要的理论引领与生动的案例分析相结合,突出专业性、应用性、操作性、可读性,可为广大中小学教师培训、自学提供借鉴,也可为高校相关专业的学生的学习、研究提供参考。

18.《教师怎样进行教学改革创新》

立足素质教育的学理,探析课堂教学的变革,反思课堂教学实践,重新审视素质教育理论,正是在实践和理论的互动中探讨我国教育的现实与未来。

19.《从历代名著中学习教育思想》

撷取世界知名教育家在世界教育史上具有重大影响和学习价值的教育名著进行选读。每位教育家及其著作均有作者简介、成书背景、内容精要、名著选读等内容。本书结合这些教育名家的成长经历,阐述了不同名著的理论内容和实践特色,批判继承了中外历史上进步的教育思想,对于提高读者的教育理论素养,提升教育工作者的教学水平和创新能力具有一定的借鉴意义。

20.《向教育名家学习教育智慧》

着重介绍当代教育家的教育思想。中国是一个教育大国,理应对全人类的教育作出自己的贡献。在两千多年的历史文明进程中,中国也确实不断为世界教育的进步贡献自己的教育思想、教育制度和教育智慧。新中国成立以来,尤其是改革开放以来,中国教育发生了深刻变化,取得巨大成就,同时,也不断涌现出新的教育思想、新的改革成就和新时代的教育家。我国一大批教育专家学者上下求索、大胆实践,为教育发展出谋划策,为教育改革殚精竭虑。他们的学术思想和教育实践直接推动了我国的教育改革与发展,并将对今后的教育实践与研究继续产生深刻影响。

由于时间、经验的关系,本书在编写等方面,必定存在不足和错误之处,衷心希望各界读者、一线教师及教育界人士批评指正。

编者

目　录

最大的心愿

◇刘付玲

　　美国大多数中小学,每学年都有一天是专门留给家长和老师会面的。这一天学生不用上课,老师与班上每一位学生的家长单独面谈。面谈时间约为30分钟。与女儿五年级的班主任第威夫人的一次面谈,给我留下了很深刻的印象。

　　第威夫人在大大地赞扬了女儿一番后把话题一转,说:"对于克莉斯蒂(女儿的英文名)这样优秀的学生,我唯一的担心是如果有一天她的成绩报告单上不是那么漂亮了,有了一个甚至几个 B,她会怎样去处理这个事情呢?"我和先生对看了一眼,很有些被一语惊醒的梦中人的样子。接着,她给我们讲了她自己亲身经历的故事:她的女儿曾经是个非常优秀的学生,门门功课拿 A。可是上了高中后,由于功课越来越难和一些其他原因,成绩单上也有几个 B 了。女孩子无法承受自己在学习上不再是最优秀的事实,便想方设法寻找能让自己最出色的方面。最后,她终于找到了——那就是节食。其结果当然可想而知。小姑娘差点连命都丢掉了。幸亏父母发现得早,药物治疗加上心理治疗,千辛万苦地总算把她给救过来了。第威夫人说:"我把这个故事告诉你们,是希望它不要重演。我像爱自己的孩子一样爱你们的孩子。我最大的希望就是她能身心健康成长。这是一个教育者的最大心愿。"她给我们讲解了她的打算,并说在实行这个计划之前需要得到我们的允许:她准备有意给克莉斯蒂增加学习和考题难度,让她的成绩单上至少有一两个 B。她要观察她的反应。她认为培养孩子承受挫折能力与建立孩子的自信心是同样重要的。老师这样的尽心尽责,真是令我们感动,也令我们醒悟。说实话,我们从来没有意识到这是一个问题,更别说认识到它的严重性了,倒是常常为女儿的好成绩喜形于色呢。

第威夫人有一段话让我们深受触动。她说:"时时要让孩子知道,我们爱他们,大家喜欢他们,是因为他们的品德,和他们的成绩单如何是没有任何关系的。"曾几何时,我们利令智昏地把这直白浅显的人生道理给忘掉了呢!

坦言失败的魅力

◇蒋光宇

1928 年,大作家沈从文被当时任中国公学校长的胡适聘为该校讲师。

沈从文时年才 26 岁,学历只是小学毕业,闯入上海文坛的时间虽不长,但以充满灵气的散文而令人刮目相看,可谓大器早成,颇有名气。

名气毕竟不是胆气。在他第一次走上讲台的时候,除了原班的学生之外,慕名而来听课的人也很多。面对台下座无虚席渴盼知识的学子,这位大作家竟然紧张得一句话也说不出来。过了好一会儿,他慢慢平静下来,并开始讲课。可原先准备好要讲授一个课时的内容,被他三下五除二仅仅在 10 分钟内就讲完了。

同学们自然纳闷:这离下课时间还早呢,剩下的时间该怎么办?

很有自知之明的沈从文,没有用天南海北地信口开河来硬撑"面子",而是拿起粉笔在黑板上工工整整地写道:

"今天是我第一次上课,人很多,我害怕了。"

这句老实可爱的"坦言失败"的话刚刚写完,立刻引起同学们一阵善意和原谅的欢笑和掌声……

胡适深知沈从文的学识、潜力和为人,在听说这次讲课的经过后,不仅没有批评,反而不无幽默地说:"沈从文的第一次上课成功了!"

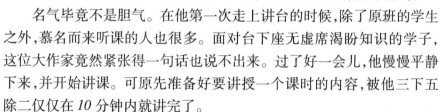

继母对林肯的一次教育

◇[美]威廉·贝内特/著　小伍/译

　　由于家境困难,林肯12岁时不得不终止学业,去做了一个伐木工人。每次,他都在自己伐倒的木材上写上一个自己名字开头的"A"字。但是,有一天他发现自己砍伐的木头被人写上了"H"。这显然是有人盗用了他的劳动成果。

　　林肯生气极了,回家对继母说:"一定是那个叫亨得尔的家伙干的,我到他们家找他论理去。"继母看着林肯说:"孩子,你先别急,听我给你讲个故事。"

　　"从前有一片大森林,那里有一个人叫斑卜,他以打猎为生,经常在密林中安装捕兽套子。由于他安装的地方处于野兽们经常出没的路线,几乎每天都有收获。有一天他又去收套子,却发现套子上只有动物脱落的毛,动物已经被别人取走了。斑卜很生气,于是他就在纸上画了一张很生气的脸,放在套子上。第二天他又去收套子,发现套子上有一片大树叶,树叶上画着一个圈,圈里有房子,房子旁边还有一只狂吠的狗。斑卜不知道是什么意思,想:为什么别人拿走了我的动物还要画图呢? 他觉得应该和这个人见面说理,于是就画了一个正午的太阳,还有两个人站在捕兽套边。第三天中午他又来到这里,看到有一个浑身插满了野鸡毛的印第安人在那儿等他。他们彼此语言不通,只能通过打手势来对话。印第安人用手势告诉斑卜:这里是我们的地盘,你不可以在这里装套子。斑卜也打手势说:这是我装的套子,你不能拿走我的果实。两个人的模样都很古怪,相互看得直乐。斑卜想:与其多个敌人,还不如多一个朋友,于是他就大方地将捕兽套送给那个印第安人了。

　　后来有一天,斑卜打猎时遇到了狼群追赶,被迫跳下了悬崖。等到他醒来的时候,他发现自己正躺在印第安人的帐篷里,伤口上还有印第安人给他上的药。此后他就成了印第安人的好朋友,和他们生活在一起,共同打猎。"

继母讲完了故事,微笑着对林肯说:"你说斑卜做得对吗?""他做得很好,这样就少了敌人,多了朋友。"

"对呀,孩子,你要学会宽容别人,这样才能使自己的路越走越宽广。要不然,你在社会上就会到处树敌,很难成功的。"

"我知道了,母亲。"林肯很懂事地点点头。

林肯牢记母亲的教导。宽容的美德为他以后的人生铺平了道路,最终竞选为美国第 16 任总统。

从卑微开始

◇马付才

在巴西一个叫贝鲁的贫困区里,曾有一个又黑又瘦的小男孩,在他很小的时候,母亲就失业了。他钻到母亲怀里说:"妈妈,你不要担心,以后我靠踢足球养活你。"

在足球王国巴西,足球简直是一种宗教,有多少人都在做着足球明星的梦。然而,靠踢足球能养活家人的人却是寥寥无几。可是,小男孩 14 岁的时候,就被一家足球俱乐部相中;仅仅两年后,他就成为克鲁赛罗足球俱乐部的明星;20 岁的时候,他登上了世界足球之巅。

这个小男孩就是足坛巨星罗纳尔多。有一次,路透社的一名记者问他:"你成功的动力是什么?"罗纳尔多的表情突然凝重起来:"真的,我没想那么多,就想着我一定要把足球踢好,那样,我就能靠踢足球养活我的母亲了。"

这个成功的动力真是太卑微了。然而,因为不懈的努力,最后它却长成了一棵参天大树。

成长，不靠成绩单

◇凯丝琳·布路

不管我多么努力，孩子爱力克带回家的成绩单上总是写着C。我开始怀疑自己：为什么我没办法激发他或是助他成功呢？我觉得他若无法念好书，肯定无法创造自己的生活，无法养活自己，更无法建设以后的家庭。

爱力克在16岁时触动了我。那时我们正坐在客厅，电话捎来了我79岁老父亲因心脏病突发去世的消息。"爸爸!"爱力克这么叫过他。在爱力克5岁前，这的确是我父亲所扮演的角色。在我丈夫晚上必须工作的那些日子，是我父亲带他去剪头发、吃冰淇淋，跟他打棒球的，我父亲是他的第一个好朋友。当我父亲离开我家，搬回故乡后，爱力克仿佛若有所失。对爱力克来说，深爱的外公的电话和来访变成了生活期待。

当我们走进丧礼接待室时，我感到爱力克牵起我的手。上百名络绎不绝涌入的朋友上前来安慰我，跟我一起分享对父亲的记忆。我突然发现爱力克不见了，我转过身看了看房间，发现他在靠近入口的地方，正在帮那些需要扶住楼梯或扶住门的老人们。那些陌生人有的带着助步机，有的拄着拐杖，许多人上前向父亲致意时，会靠着他的搀扶。那天稍晚，丧礼司提醒我还要再找一个抬柩者，爱力克马上说："先生，我帮得上忙吗？我小的时候'爸爸'就带着我，现在该我带他了。"当我听到这句话时，就一发不可收拾地哭了起来。

从那一刻开始，我知道自己绝不能再苛求儿子考出更好的成绩，因为那个理想形象根本就比不上我现在的儿子。他的同情心、关怀以及情感，都是上帝赐给他的礼物，没有一本教科书教他这些事情，没有任何框框里的分数可以传达爱力克所拥有的那些特质。

记住什么,忘掉什么

◇林治波

经济学家孙冶方和舞蹈家资华筠都是第五届全国政协委员,常在一起开会。一天,孙冶方得知资华筠是著名学者陈翰笙的学生,便主动告诉她:"你的老师是我的引路人。我是在他的影响下,参加革命并且对经济问题产生兴趣的,所以我很感激他。"后来,资华筠把这件事告诉了陈翰笙,陈老却说:"不记得了。"资华筠以为老人年事已高,记忆模糊了,嗔怪地说:"人家大经济学家称您是引路人,您倒把人家忘记了?!"不料,陈老十分认真地说:"我只努力记住自己做过的错事——怕重犯。至于做对的事情,那是自然的、应该的,记不得那么多了。孙冶方选择的道路和成就,是他自己努力的结果,我没什么功劳。"

一个铭记着自己的引路人,念念不忘别人对自己的恩典;一个不记得自己做过的好事,而只努力记住自己做过的错事。这种情怀与境界,非同寻常。

真正的高度

◇殷继红

一个阳光灿烂的早晨,父亲带着两个孩子去城里的亲戚家做客。在车站,父亲走近售票窗口问道:"我们3个到郑州要花多少钱?"

年轻的售票小姐说道:"大人4元,高于1.2米的小孩和大人一样。

他们两个有多高?"

父亲答道:"这个小的 *1.15* 米,那个大的 *1.22* 米。我想我得付 *8* 元钱。"

那位售票小姐笑道:"嗨! 先生,你是刚捡了钱还是发了财? 你只要告诉我较大的孩子 *1.2* 米,你就可以省下 *4* 元。我的眼睛不是标尺,我又看不出有多大差别。"

父亲回答:"你说得没错,但是孩子知道他自己有多高。"

1 元钱的故事

◇赖配根

放学了,孩子们向校门涌去。为了学生的安全,王老师赶忙站到一边调控队伍。

"老师好!""老师,再见!"看着一张张可爱的笑脸,王老师忘记了一天的劳累。"老师,您能借我 *1* 元钱吗?"一个在校园里经常向她打招呼的小男孩来到她跟前,"我明天还给您。""可以。"她把钱递给他。男孩欢快地跑出了校园。

第二天,王老师外出开会,会议结束时学校已快放学了。她匆匆往回赶,怕孩子还钱时找不到她。但是,男孩一直都没有出现。"也许是我回来晚了。"她想。

以后的几天里,王老师没有刻意去找他,但一直在等待,等待一个承诺。然而每天都让人失望。

她开始为男孩编造理由:也许他忘了;也许他把钱丢了;也许他压根儿没当回事。

不是惦记那 *1* 元钱,她担心的是一个孩子可能会由此失去人生最重要的品质——守信。

最终王老师决定去找那男孩。来到他所在的班级,男孩满脸笑容地与她打招呼。她没有生气,而是俯下身悄悄对男孩说:"孩子,我没有收到你的钱。"

"啊!老师,对不起,我忘了。"他的脸有些红,"我明天一定还!"

"行。钱不要丢了,还有一样东西也不要丢。"

"什么?"

王老师在他的手心里写了两个字:守信。

孩子郑重地点了点头。

第二天一大早,王老师就来到了学校,特意在校门口等着。远远地他举起了一样东西——1元硬币。接过硬币时,王老师面带微笑地说:"真不错,两样东西都没丢。"

"丢不掉的!"男孩走远了,清脆的童音却留在王老师的心里。

孝心抢捞

◇崔鹤同

1898 年 5 月 1 日,美国策划的马尼拉湾大战开始。当一个舰艇上的指挥员命令大家脱去衣服,准备行动的时候,有一位弹药手匆匆脱下了上衣。可是这件上衣又从他手中滑了出去,飘进了大海。当这件上衣飞出船外的时候,他转身走到舰长跟前,请求允许他跳进大海里把衣服捞上来,舰长没有答应。这个弹药手走到舰艇的另一边,径自沿着梯子爬下去,跳进海里,游过去抓住了衣服。当他回到船上以后,因为违反了军令,而被戴上了镣铐。

战斗结束后,海军准将杜威对这个案子很感兴趣。因为他很想知道,为什么一个弹药手为了一件上衣竟敢冒着生命危险去违犯军规。

当杜威将军和颜悦色地找他谈话时,他忍不住哭了。原来在脱掉上衣之前,那个士兵还在看他母亲的照片,他吻了吻这张照片,然后把它放进了上衣口袋。没想到,一不小心,衣服飘落进海里。将军噙着眼泪听完他的话,然后将他从椅子上扶起来,拥抱了他。随即将军下达了命令,立即释放并赦免这位小战士。

"一个冒着生命危险去抢捞母亲照片的孝子,在这艘舰艇上是不能戴上镣铐的。"将军感慨地说。

借　口

◇佚　名

有一个小男孩,在他6岁时,一次随父亲外出,父亲因开车超速被警察抓到。他当时正坐在车里,看见父亲递了一张20元的美钞给警察。父亲坐回驾驶座时他疑惑地看着父亲,父亲对他说:"没问题,大家都这么做。"

8岁那年,在一次家庭会议中,他看到每个人都想一些法子来逃税。当他提出逃税是违法行为时,伯父对他说:"没问题,大家都这么做。"

14岁时,他参加了学校的足球队。教练教他在阻挡别人时如何去抓住对方的衣领而让裁判看不到,并且笑着对他说:"没问题,大家都这么做。"

16岁时,他去超市打工。经理告诉他,将过熟的草莓藏在每个盒子的最下层,把好的铺在上面。他说这是欺骗顾客,经理对他说:"没问题,大家都这么做。"

18岁时,他参加毕业考试。有一位学长告诉他,花50美元可以买到试题答案。学长对他说:"没问题,大家都这么做。"

结果,他的舞弊行为被监考老师发现,他被学校开除了。当他回到家里时,父母、伯父、教练、经理都来探望他,大家都摇头叹息道:"这么乖的孩子,怎么会做出这种事来!"

面对瑕疵

◇徐文君

这一年他被耶鲁大学录取,却因缴不起学费面临辍学危机。他决定利用假期像父亲一样外出做油漆工,以挣够学费。

这天,眼看即将完工,他给拆下来的橱门刷最后一遍油漆。这时,门铃响了,他赶忙去开门,不想却将一把扫帚碰倒,倒下的扫帚又碰到了一块橱门板,而橱门板正好倒在昨天刚粉刷好的雪白的墙面上,墙上立即有了一道清晰的漆印。他调了些涂料补上,但总觉得新补上的涂料色调和原来的墙壁不一样。他觉得应该将这面墙重新粉刷。

他终于累死累活地干完了。可第二天一进门,他发现昨天新刷的墙壁与相邻的墙壁之间有色差,而且越看越明显。最后,他决定将所有的墙壁重刷……

最后,主人很满意,付足了他的酬劳。但是,对他来说,由于增加了涂料费用,他赚到的钱已所剩无几,根本不够缴学费。

主人的女儿不知怎么知道了原委,便将事情告诉了她的父亲。主人知道后很是感动,在女儿的要求下同意赞助他上完大学。大学毕业后的年轻人不但娶了主人的女儿为妻,而且走进了主人所在的公司。10多年后,他成了这家公司的董事长,他就是如今拥有世界500多家沃尔玛零售超市的富商萨姆·沃尔顿。

一点失误可以产生一个瑕疵,一个瑕疵可以损坏一面墙壁的完美,一面墙壁又可以损坏所有墙壁,而所有墙壁却可以影响一个人的一生……

瑕疵造就的结果不在瑕疵本身,而在于我们面对瑕疵的态度。

分数之外学会感动

◇吴俊苓

那还是 *10* 年前,我刚做老师的时候,一个学生——校刊的主编、校文学社社长,在一次期中考试时,现代文阅读竟得了 *0* 分。匪夷所思的是,他并非答错了,而是没有做。

我找到他,问为什么。

他告诉我,那篇文章他读完第一遍就哭了。他当然知道这是在考试,所以又读了一遍,可还是哭,哭到无法思考。他决定先完成后面的试题。直到把作文写完,回过来读第三遍,还是哭。于是,他选择放弃,即便还有足够的时间。

后来,我教过许多学生,带领他们做过无数的阅读题。可是,我一直记着有这样一个学生,有这样一张脸。

我们教给学生知识,教给他们阅读的方法,有经验的老师还可以传授给学生所谓的技巧。可是,我们一直忘了让他们学会感动。我们当老师的,自己读书的时候常常会受到感动,只是这份感动无关乎考试,无关乎升学。上课的时候,面对考试、升学的压力,这份感动就常常被"省略"了。

我们的学生中的一些人,将来会进很好的大学,但是他们的生命中少了一点温暖。那温暖并不一定能让他们获得一个好分数,但一定会让他们成为一个正直的人、美好的人。

一幅"虾"画

◇郑海啸

据说这是 1935 年或 1936 年的事。白石老人的两个孩子良迟、良已都在上小学。由于学校不大好,这两个小家伙"不学习,尽打架",于是白石老人想给他们转学。通过朋友帮忙,孩子们如齐老所愿被转到弘达学院附小上学。为了表示感谢,白石老人给附小主任画了一幅虾,由良迟带去。主任拿到后很满意,展示给老师们欣赏。不想良已那个班的班主任周淑云动心了。她买了一张自认为最好的纸玉版宣(其实是不适于画画的,但她不懂),裁了 3 尺长的一条,把良已叫去说:"请你爸也给我画幅虾。"良已拿着纸回家了。齐老一看那纸,就抛在一边了。过了很久,周老师见画没交上来,就催了几次,最后竟很严厉地对良已说:"你再不拿来,我不教你了!"良已回到家,向母亲哭泣着说再不给画,他就不敢去上学了。做母亲的只好跟齐老说这事儿,齐老一听,气得很,找出那张不能作画的纸,画了几只虾,题云:

吾平生有三不画,纸不佳不画,钱不多不画,白求不恭不画!淑云儿辈之师也,不在此列。

周老师刚拿到画时,大概还是挺高兴的,也拿出来让大家欣赏。后来经人指点,才看出白石老人的题词其实是夹枪带棒地说她!周老师气坏了,当众把画撕了个粉碎,扔到火炉里烧了。

选　择

◇佚　名

　　在华盛顿举办的美国第4届全国拼字大赛中,南卡罗来纳州冠军——11岁的罗莎莉·艾略特一路过关斩将,进入了决赛。当她被问到如何拼"招认(avowal)"这个词时,她轻柔的南方口音使得评委们难以判断她说的第一个字母到底是A还是E。

　　评委们商议了几分钟之后,将录音带倒带后重听,但是仍然无法确定她的发音是A还是E。

　　解铃还需系铃人。最后,主审约翰·洛伊德决定,将问题交给唯一知道答案的人。他和蔼地问罗莎莉:"你的发音是A还是E?"

　　其实,罗莎莉根据他人的低声议论,已经知道这个字的正确拼法应该是A,但她毫不迟疑地回答:她发音错了,她读的是E。

　　主审约翰·洛伊德又和蔼地问罗莎莉:"你大概已经知道了正确的答案,完全可以获得冠军的荣誉,为什么还说出了错误的发音?"

　　罗莎莉天真地回答说:"我愿意做个诚实的孩子。"

　　当她从台上走下来时,几乎所有的观众都为她的诚实而热烈鼓掌。

　　第二天,报纸上刊登了一篇报道这次比赛的短文:《在冠军与诚实间选择》。短文中写道:罗莎莉虽然没赢得第4届全国拼字大赛的冠军,但她的诚实却感染了所有观众,赢得了所有观众的心。

50 年前那堂生物课

◇陶天富

程老师是我的中学生物老师。20 世纪 50 年代,他从大学生物系毕业后,来到确山县一中执教。同学们都爱上他的生物课,他会在课堂上学鸟语,会围着课桌做鸟儿翩翩飞翔状。

那几年,野外生物课是最让人期待的。每次带学生出游,程老师都会精心准备一番,出现在我们面前的他是这样的:身背画板、标本夹、行军水壶,头戴草帽,脖子上系着白毛巾,脚穿绿色解放鞋。

有一次,天空突然传来嘹亮的雁鸣,程老师马上让队伍停下来,指点着长长的雁阵介绍起大雁的生活习性。

大雁飞过,我们继续前行,来到了山脚下的河边。程老师让大家悄悄绕到一片竹林后面去观察河水中和河滩上的一群群水鸟。程老师细心地给我们指点:水中嬉戏的是绿头鸭、绿翅鸭,岸边亭亭玉立的是白鹭,河中并排的是鸬鹚,水草中闲逛的是秧鸡……

程老师是个充满理想又讲究实际的人。他知道,在当时人们温饱问题尚难以解决的情况下,让人们欣赏鸟、爱护鸟是困难的。有时阻止了一个人捕鸟,可能断了一家人的口粮。然而,他从没有灰心、气馁过。

一天,一位家长拎了一个沉甸甸的布袋来,感激地说:"程老师,最近孩子学习进步很大,我们全家对您都很感激。刚才在街上看到有人卖刚打下来的白天鹅,特地买来一只给您尝尝鲜。"程老师看着血迹未干的白天鹅,愣了半天,才记起向家长道谢。

程老师把白天鹅的皮完整地剥下来,制成标本,然后把肉送给学生食堂,并特意交代炊事员:要想办法让学生们都吃到,哪怕是把鹅肉放到菜汤里,大家都能喝口汤也行。

几天后,程老师给我们上了一堂特殊的生物课。他拿出那只栩栩如生、雪白美丽的白天鹅标本。面对大家的赞叹,程老师问:"这只白天鹅可爱吗?"同学们齐声回答:"可爱!"程老师叹息:"是啊,这么一只可爱的小精灵,却被人给吃掉了!"台下一片唏嘘声。程老师话锋一转,大声说:"吃掉它的不是别人,正是你们自己!"同学们一片惊呼。程老师讲了事情的原委,最后沉重地说:"天鹅已经被偷猎者杀死了,给同学们补充补充营养,也算是物尽其用了。大家现在都算吃了一次天鹅肉,都要记住欠了天鹅一份情,欠了鸟类一笔债。相信大家一定会以自己的行动还清这笔债,更好地爱护鸟类——我们的朋友。"

半个世纪过去了,那些有趣的生物课仍然经常闪现在我面前,程老师的爱鸟情结也一直印在我心里,让我常怀感动。

人生3道题

◇邱美荣

有所中专学校在最后一学年开设了一门课程叫"人生"。最后一节课,老师说要出3道考试题,"第1题:记得父母生日的同学请举手。"女生们举起了手,男生们几乎无人举手。

老师继续问:"教学楼里有3个清洁工,谁能叫出其中两个人的名字?"这下大家都傻眼了。3年了,谁也没留意过她们。

老师接着出第3道题:"你是否打过自己耳光?"学生们笑了,谁会这么傻呢。

老师说:"人生这门课,旨在引导我们树立正确的人生观和世界观,教导我们今后如何立身处世。今天的3道考题,就是对同学们的检验。"

"记得父母的生日,"老师在黑板上写下"孝道"两个字,"孝道教人善良。心存孝道的人,必定具有善根,有善根才能结善果。"

"记住你身边每一个人的名字,"老师写下"尊重"两个字,"尊重别

16

人才能得到别人的尊重。尊重使人宽厚,人心宽厚方可立业。"

"如果你不懂得孝道和尊重,那么,你就该打自己一记耳光了。"老师又在黑板上写下"反省"二字,"有反省才有悔悟,有悔悟才会有进步,才会有成才的可能。"

一个人善良与否,决定了他将来是否为有用之才;宽厚与否,决定了他将如何发挥自己的作用;能否不断反省,不断进步,则决定了他是否能持久向前。

诺贝尔奖获得者的回答

◇胡亚珍

1978 年,75 位诺贝尔奖获得者在巴黎聚会。有人问其中的一位:"你在哪所大学、哪个实验室里学到了你认为是最主要的东西呢?"出人意料,这位白发苍苍的学者回答:"是在幼儿园。""在幼儿园学到了些什么呢?"学者答道:"把自己的东西分一半给小伙伴,不是自己的东西不要拿,东西要放整齐,吃饭前要洗手,做了错事要表示歉意,午饭后要休息,学习要多思考,要仔细观察大自然。从根本上说,我学到的全部东西就是这些了。"这位学者的回答代表了到会科学家的普遍看法。概括起来,就是他们认为终生所学到的最主要的东西是幼儿园老师给他们培养的良好习惯。

最宝贵的一门课

◇雷泰平

深夜,一位中国人走进德国某小镇的车站理发室。那理发师热情地接待了他,却不愿意为他理发。理由是:这里只能为手里有车票的旅客理发,这是规定。中国人委婉地提出建议:现在店里没有其他顾客,是不是可以来个例外?理发师更恭敬了,说:"虽然是夜里,也没有别的人,但我们仍要遵守规则。"无奈之中,中国人走到售票窗前,买了一张离这儿最近的那一站的车票。当他拿着车票第二次走进理发室时,理发师很遗憾地对他说:如果您只是为了理发才买这张车票的话,那么真的很抱歉,我还是不能为您服务。

当有人把深夜小站理发师的故事告诉给一群在德国留学的中国学生时,不少人感慨万千:太不可思议了,德国人真的是太认真了,这样一个时时处处讲规则、讲秩序的民族,永远都会是一个强大的民族。但是,也有人不以为然:偶然的一件小事,决定不了这么大的性质,一个小镇的车站,一个近乎迂腐的人,如何能说明一个民族的性格。双方甚至还为此发生了争执。相持不下之际,有人提出通过实践来检验孰是孰非。于是,聪明的留学生们共同设计了一项试验。

他们趁着夜色来到闹市区的一个公用电话亭,在一左一右两部电话的旁边分别贴上了"男士"、"女士"的标记,然后迅速离开。第二天上午,他们又相约来到那个电话亭。令他们惊奇的一幕出现了:标着"男士"的那部电话前排起了长队,而标着"女士"的那部电话前却空无一人。留学生们走过去问那些平静等待的先生:既然那部电话前没有人,为什么不到那边去打,而要等待这么久呢?被问的先生们无一不以坦然的口吻说:那边是专为女士准备的,我们只能在这边打,这是秩序啊……

留学生们不再争执了。在他们默默回去的路上,每个人都想了很多,大家都隐隐觉得对于自己乃至自己身后那个曾是礼仪之邦、崇尚井然有序的民族,在重创民族辉煌、融入世界之流的今天,规则和秩序,也许正是我们最为需要的素质。

有一位同学感慨道:"这是我们在德国学到的最为宝贵的一门课程啊!"

放回去，孩子

◇佚 名

我 11 岁的时候，举家前往新罕布什尔湖的岛上别墅度假。那里是绝佳的钓鱼圣地。我和父亲扛着钓竿，在鲈鱼节开始前的午夜，去过过钓瘾。在我们这儿，只有在鲈鱼节的时候才允许钓鲈鱼。

突然间，有什么东西沉甸甸地拽着我的鱼竿的那头。我慢慢地把钓线拉回来，是一条我们见过的最大的鲈鱼！

父亲擦着了火柴，看着表说："10 点，再过 2 小时鲈鱼节才开始。你必须把它放掉，孩子！"

"爸爸……"我不理解，大声地哭起来。

父亲沉默着，他已经很明白地表明：这个决定是不能改变的。没办法，我只好把鲈鱼放回湖水里。

这是 23 年前的事了。现在我是纽约市一名小有成就的建筑师。那次父亲让我放走的只不过是一条鱼，但是我从此学会了自律。我在建筑设计上从不投机取巧，在同行中颇有口碑，就连亲朋好友把股市内部消息透露给我，胜算有十成的时候，我也会婉言谢绝。诚实是我生活中的信条，也是教育孩子的准则。

"放回去，孩子！"当时听起来冷冰冰的话，现在却温暖地留在我的心里。

孔子的内疚

◇任定保

孔子率领弟子周游列国。来到陈国与蔡国之间，因兵荒马乱，旅途

19

困顿,大家三餐以野菜果腹,已7日没吃到一粒米饭。

有一天,颜回好不容易要到了一些白米下锅煮饭。饭快熟时,孔子看到颜回掀起锅盖,抓些白饭往嘴里塞。孔子很生气,但是他当时装作没看见,也没有去责问。

饭煮好后,颜回请孔子进食。孔子假装若有所思地说:"我刚才梦到祖先来找我,我想把干净还没人吃过的米饭先拿来祭祖!"

颜回顿时慌张起来,说:"不可以的,这锅饭我已先吃一口了,不可以祭祖先的。"

孔子严厉地问:"为什么要先吃?"

颜回涨红了脸,嗫嚅着说:"刚才煮饭时,不小心掉了些烟灰在锅里,有一些白饭染了灰。我想,丢了太可惜,所以挑起来自己先吃了。我不是故意先吃饭的。"

孔子听了,恍然大悟,对自己的观察错误感到十分内疚。

把花留在孩子心上

◇王军荣

校园西南角有个花坛。每年花开的时候,总会有学生在放学后来偷花。学校不知说了多少遍,惩罚了多少学生,却都无济于事。管花的事落到了新来的女老师身上。

那天放学后,新老师正欣赏着姹紫嫣红的鲜花,却发现一个小男孩躲在墙角探头探脑地朝这边看。老师叫住了他:"你为什么不回家?有什么事吗?""我……我想……我想要枝花。"小男孩支支吾吾地说。"你想要哪枝?"老师拉着小男孩的手,走近花坛。小男孩看了一会儿,指着一枝很艳的玫瑰。"好,这朵花就属于你了!"老师说,"但是,你准备怎么办呢?如果你把花儿留在这里,它还能开好几天,别的小朋友也可以来看;如果我现在帮你摘下它,你就只能玩一会儿了。"小男孩想了想,说:"我把它留在这里,明天我再来看它。老师,你要帮我看好呀!"

第二天放学后,有20多个孩子来找老师,等着要一朵属于自己的花儿。他们同那个小男孩一样,都愿意把自己的花留在花坛。此后,再也没有发生偷花的事。相反,放学后,常有孩子来帮忙照看花儿。

一支铅笔的用途

◇刘燕敏

纽约里士满区有一所贝纳特牧师创立的穷人学校。1983年,一位名叫普热罗夫的捷克籍法学博士在做毕业论文时发现,50年来,该校毕业的学生在纽约警察局的犯罪记录最低。

普热罗夫展开了漫长的调查活动。凡是在该校学习和工作过的人,只要能打听到住址或信箱的,他都要给他们寄去一份调查表。问题只有一个:圣·贝纳特学院教会了你什么? 在将近6年的时间里,他共收到3756份答卷。在这些答卷中有74%的回答是他们知道了一支铅笔有多少种用途。

当普热罗夫看到这份奇怪的答案时,他决定马上进行研究。普热罗夫首先走访了纽约市最大的一家皮货商店的老板,老板说:"是的,贝纳特牧师教会了我们一支铅笔有多少种用途。我们入学的第一篇作文就是这个题目。当初,我认为铅笔只有一种用途,也就是写字。谁知铅笔不仅能用来写字,必要时还能用来做尺子画线,还能作为礼品送人表示友爱,还能当商品出售获得利润。铅笔的铅磨成粉后可作润滑剂,演出时也可临时用于化妆,削下的木屑还可以做成装饰画,一支铅笔按相等的比例锯成若干份,还可以做成一副象棋,可以当作玩具的轮子。在野外有险情时,铅笔抽掉芯还能被当作吸管喝石缝中的水。在遇到坏人时,削尖的铅笔还能作为自卫的武器……总之,一支铅笔有无数种用途。

它让我们这些穷人的孩子明白:有着眼睛、鼻子、耳朵、大脑和手脚的人更是有无数种用途,并且任何一种用途都足以使我们生存下去。"普热罗夫后来又采访了一些圣·贝纳特学院毕业的学生,发现无论贵贱,他们都有一份职业,并且都生活得非常乐观。

普热罗天再也按捺不住这一调查给他带来的兴奋。调查一结束,他就放弃了在美国寻找律师工作的想法,匆匆赶回国内。目前,他是捷克最大的一家网络公司的总裁。

一张账单

◇张守信

在一个阳光明媚的星期天,聪明的男孩汤姆给妈妈写下了一张账单:汤姆为妈妈到超级市场买食品,妈妈应付 5 美元;汤姆自己起床叠被,妈妈应付 2 美元;汤姆擦地板,妈妈应付 3 美元;汤姆是一个听话的好孩子,妈妈应付 10 美元。合计:20 美元。

汤姆写好后,就把纸条压在餐桌上上床睡觉去了。忙得满头大汗的妈妈看到这张纸条后,只是宽容地笑了笑,随即在上面添上几行字,放回了汤姆的枕边。汤姆醒来后,看到了这样一张账单:妈妈含辛茹苦地抚养汤姆,汤姆应付 0 美元;妈妈教汤姆走路、说话,汤姆应付 0 美元;妈妈以后还将继续为汤姆奉献,汤姆应付 0 美元;妈妈拥有一个天使般可爱的小男孩,汤姆应付 0 美元。合计:0 美元。这张纸条,至今仍被汤姆珍藏着,它记录着一个孩子从懵懂走向懂事的经历。

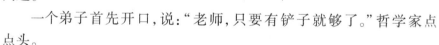

哲学家的最后一课

◇陈明华　秦志强

　　一位哲学家带着他的一群学生漫游世界。10 年间，他们游历了所有的国家，拜访了所有有学问的人，现在他们回来了，个个都满腹经纶。在进城之前，哲学家在郊外的一片草地上坐了下来，说："10 年游历，你们都已是饱学之士，现在学业就要结束了，我们上最后一课吧！"

　　弟子们围着哲学家坐了下来。哲学家问："现在我们坐在什么地方？"弟子们答："现在我们坐在旷野里。"哲学家又问："旷野里长着什么？"弟子们说："旷野里长满杂草。"哲学家说："对，旷野里长满杂草。现在我想知道的是如何除掉这些杂草。"弟子们非常惊愕，他们都没有想到，一直在探讨人生奥妙的哲学家，最后一课问的竟然是如此简单的问题。

　　一个弟子首先开口，说："老师，只要有铲子就够了。"哲学家点点头。

　　另一个弟子接着说："用火烧是很好的一种方法。"哲学家微笑了一下，示意下一位。

　　第三个弟子说："撒上石灰就会除掉所有的杂草。"

　　接着发言的是第四个弟了，他说："斩草除根，只要把根挖出来就行了。"

　　等弟子们都讲完了，哲学家站了起来，说："课就上到这里了。你们回去后，按照各自的方法去除一片杂草。没除掉的，1 年后再来相聚。"

　　1 年后，他们都来了，不过原来相聚的地方已不再是杂草丛生，而是变成了一片长满谷子的庄稼地。弟子们围着谷地坐下，等待哲学家的到来，可是哲学家始终没有再来。

几十年后,哲学家去世,弟子们在整理他的言论时,私自在最后补了一章:"要除掉旷野里的杂草,方法只有一种,那就是在上面种上庄稼。"

尚未凝固的水泥路面

◇纪广洋

1899 年爱因斯坦在瑞士苏黎世联邦工业大学就读时,他的导师是数学家明可夫斯基。

有一次,爱因斯坦问明可夫斯基:"一个人,比如我吧,究竟怎样才能在科学领域、在人生道路上,留下自己的闪光足迹、作出自己的杰出贡献呢?"这是一个"尖端"的问题,明可夫斯基表示要好好想一想后再予以解答。3 天后,明可夫斯基告诉爱因斯坦答案来了!他拉起爱因斯坦就朝一处建筑工地走去,而且径直踏上了建筑工人们刚刚铺平的水泥地面。在建筑工人们的呵斥声中,爱因斯坦被弄得一头雾水。他不解地问明可夫斯基:"老师,您这不是领我误入'歧途'吗?""对!对!正是这样!"明可夫斯基说:"看到了吧?只有尚未凝固的水泥路面,才能留下深深的脚印。那些凝固很久的老路面,那些被无数人、无数脚步走过的地方,你别想再踩出脚印来……"听到这里,爱因斯坦沉思良久,意味深长地点了点头。

从此,一种非常强烈的创新和开拓意识开始主导着爱因斯坦的思维和行动。用他自己的话说就是:"我从来不记忆和思考词典、手册里的东西,我的脑袋只用来记忆和思考那些还没载入书本的东西。"于是,就在爱因斯坦走出校园、初涉世事的几年里,他作为伯尔尼专利局里默默无闻的小职员,利用业余时间进行科学研究,为人类作出了卓越的贡献,在科学史册上留下了闪光的足迹。

孙女带回的"密信"

◇陈君杰

我的小孙女在美国的一所学校读书。她的学习成绩一向优秀,数学尤其优异。可是有一次却出了意外。

那一天,孙女带回一封"密信"交给她爸爸。信是老师写的,附有一张成绩为"D"的数学试卷。信上说,由于孙女一向数学成绩优异,老师在试卷上给孙女加了几道题,说明做完规定试卷后如果还有时间,就加做这额外的试题。可是孙女在做完规定试题后,尽管还有一些时间,但急于出去跟已交卷的同学玩耍,就没有做她本能够完成的额外试题。老师认为她没有尽最大努力去完成试卷,给了个"D"的成绩(美国学校成绩评定分 A、B、C、D 4 级)。

老师在信中这样说:"在我的成绩登记本上,您的女儿这次考试还是'A',但试卷上我给了'D'。考试打分是手段不是目的,请您理解并配合我。请告诉她:老师很爱她,很欣赏她的数学天赋,但她应该尽最大努力。如果她愿意跟老师一起来尽最大的努力,她将是一个了不起的孩子!"

成功的境界

◇薛 峰

20 世纪初,有一个犹太少年做梦都想成为像帕格尼尼那样伟大的小提琴演奏家。他一有空就练琴,可是,就连他的父母都觉得这个可怜的孩子拉得实在太蹩脚了,完全没有音乐天赋。

有一天,少年去请教一位老琴师。琴师说:"孩子,你先给我拉一首曲子听听吧。"少年拉了帕格尼尼24首练习曲中的第3首,简直破绽百出。一曲终了,老琴师沉吟片刻,问少年:"你为什么特别想拉小提琴呢?"少年说:"我想成功,想成为像帕格尼尼那样出众的小提琴演奏家。"老人又问道:"那你拉琴快乐吗?"少年回答:"我非常快乐。"

于是,老琴师把少年带到自家的花园里,对他说:"孩子,你现在非常快乐,说明你已经成功了,对不对? 你拉小提琴的目的是为了成功,获得快乐,而你现在已经是这样了,那又何必非要成为像帕格尼尼那样伟大的人呢? 你看,世界上有两种花,一种花能结果,一种花不能结果,可它们同样美丽。比如玫瑰,比如郁金香,它们在阳光下开放,虽没有任何明确的目的,但这也就足够了。这才是成功的境界,一种大智慧!"

老人的一番话让少年恍然大悟。在后来的日子里,少年不再对拉小提琴那么狂热了,只把它当作调剂生活获得快乐的一种活动。他做什么事都变得从容冷静起来,不再去刻意追求成功了。

20年后,这个少年成了名震天下的物理学家。他就是影响世界的伟人阿尔伯特·爱因斯坦。

柔弱的另一面是坚强

◇黄小平

读中学时,在一堂生物课上,老师问我们:"树的什么地方最硬?""树结。"我们回答说。老师满意地点了点头,然后又问:"树的什么地方最容易折断呢?"老师见我们回答不上来,便替我们回答说:"也是树结。"

也是树结？最硬的地方怎么最容易折断呢？老师解释说："暴风雨过后，你捡起一些折断的树枝看一看，就会发现，大多数树枝折断的地方，正是有节的地方。"

顿了一会儿，老师又说："我们再来看看暴风雨中的一些小树。它们总是在暴风雨中弯曲着柔弱的身子，似乎不堪一击，但它们弯曲身子正是为了减少暴风雨对自己的伤害。风雨过后，它们会慢慢地挺直身子。我们应该多向暴风雨中弯曲的小树学习，不必为一时的得失而耿耿于怀，也不必为一次考试没考好而伤心不已，否则，就会生出许多'心结'。这些'心结'看似坚硬，实则脆弱，就像那些树结一样，这也是我们人生之树最容易折断的地方。面对失败，我们可以暂时向失败'妥协'，承认自己的失败；面对外来强大的压力，我们可以暂时弯曲一下身子，承认自己的弱小。要知道，柔弱的另一面是坚强。"

听到这里，我们不由为老师精彩的人生阐述而鼓起掌来。多年后，每当同学会面，我们都会谈起这堂课，因为它教会了我们如何去选择坚强。

最高报酬

◇欧阳俊山

一位 *14* 岁的中学生，利用暑假替街坊修整草坪，赚取一点儿零花钱。让他感到困惑的是，有些人付酬时不是那么爽快，比方说巴罗先生，该他掏钱的时候，不是说身边没有比 *50* 美元再小的票子，就是说手头的支票本暂时用光了，要不索性好几天不见人影。尽管少年很希望得到自己应得的酬劳，又觉得不宜过于较真。

一天傍晚，少年路过巴罗先生家时，被他热情地叫住了。巴罗先生请少年进屋子里坐坐，有些难为情地说："我应该……不过……"少年爽

27

快地说:"没关系的。""银行在我的账上出了点儿小差错,不久就会搞清楚的。呃,我想,你也许愿意在我这里挑一两本书看,作为一种补偿?"

少年环顾一下,屋里几乎到处是书,真像个图书馆。少年并不爱读书,见了这么多书,既惶恐,又钦佩:"这些书您都读过吗?"巴罗先生说:"这些还只是我保留下来的、值得读第二遍的书。"

为了掩饰自己不爱读书,少年借了一本巴特著的《正义永存》,并且在回家后硬着头皮读它。谁知道,才翻了几页,就被深深地吸引住了。当少年去归还《正义永存》时,巴罗先生又递给他玛格丽特写的一本关于人类学的经典之作。殊不知,这本书竟让少年迷上了人类学!35 年后,当他在达特茅斯学院讲授人类学的时候,他才明白,那年夏天,巴罗先生已付给了他最高的报酬。

近乎"残酷"的游戏

◇阿尔韦托·卡韦萨斯

墨西哥教育学硕士佩里查特在开学之初就向 6 ~ 12 岁的学生们提出了挑战:如果他们在 1 月份之前读够 500 本书,她就把头发染成彩色的,结果学生们提前完成了任务。她注意到,在看到老师一头五彩秀发而哈哈大笑的同时,学生们也和老师建立起了健康和谐的关系,所以她决定加大赌注:"如果能读完 1800 本书,我就染成紫红色。"学生们纷纷回去要求父母多买些书来读,第二个目标也实现了。

佩里查特说,在做游戏的这几个月时间里,学生们的读书热情与日俱增。后来她又出了一招:"如果在 4 月 30 日之前读完 2300 本书,我就剃光头。"事后她说:"我马上意识到这似乎有些疯狂。"但是,当时她看到学生们坚持不懈地读书和高涨的热情,她觉得自己的得失已经不重要了。

学生们超额完成了任务,在 4 月 30 日墨西哥儿童节当天,佩里查特被剃了光头,读书最多的学生有幸手持剪刀,当着大家的面为老师剃头。佩里查特说:"孩子们认为我输了,但实际上我赢了。"因为尽管个人遭受了一点儿小损失,但这一学年是她 34 年教育生涯中最出色的一年。

临近期末,每名学生都得到了校长亲自签名的读书证书,上面标明了阅读的数量。

最美的眼神

◇马　德

一所重点中学百年校庆时,恰逢德高望重的老教师雒老 80 寿辰。雒老师一生极富传奇色彩。他所教过的学生,许多已经成为蜚声海内外的教授、学者以及活跃在时代前沿的 IT 精英。是什么原因使雒老师桃李满天下呢?学校决定在百年校庆之际,把这个谜底揭开。

于是,学校给雒老教过的学生发出一份问卷,其中最重要的一条是:雒老师的哪些方面最让你们满意?五花八门的答案很快反馈回来:有人认为是他渊博的学识,有人认为是他风趣的谈吐,有人认为是他循循善诱的教学方式,有人认为是他兢兢业业的工作作风;有的学生说喜欢他营造的课堂氛围;有的学生干脆说,雒老师的翩翩风度是他们最满意的。

然而,学校对这些答案并不满意。学校又在众多的学生中选出 100 位最有成就的人。学校认为这 100 位学生的成功,肯定或多或少受到了雒老师的影响。为了得出较为一致的答案,这次的问题很简单:你认为,雒老师的哪一方面对你的人生影响最大?

答案很快就以传真、电话、电子邮件的形式反馈回来。出乎预料的是,这次的答案居然惊人的一致。几乎所有的学生认为,雒老师给他们人生影响最大的,是他的眼神。

　　这下轮到组织者为难了，"眼神"这个答案非但没能起到揭秘的效果，反而使事情更加扑朔迷离了。

　　百年校庆的日子很快到来了。庆祝大会隆重地举行，校长讲完话后，便是各界名流的致辞。一位知名的教授上台，先向端坐在中央的雏老师深深地鞠了一躬，然后说："今天我有幸能站在这里，与大家共聚一堂，首先得感谢雏老师。我刚上这所中学的时候，成绩非常差，说实话，那时我已经丧失了信心和勇气。正是雏老师，把我从困难中拯救了出来。那时候，同学们看不起我，父母对我也失去了信心，然而雏老师的眼神中流动的鼓励和肯定，像一股股暖流，温暖着我自卑和沮丧的心。我就是从他的眼神中得到了前进的信心和力量，一步一步走到现在的……"另一位学者致辞说："上中学的时候，我最讨厌老师的偏袒，比如偏袒成绩好的，偏袒女生，因为讨厌老师，导致我很厌学。雏老师公正无私的心底，像一方晴朗的天空，清澈、洁净、透明，从他的眼神中流露出来的是公正的力量，它使我的心也变得晴朗起来……"

　　后来上台的学生中，但凡雏老师教过的，无一例外地谈到了雏老师的眼神。有的认为雏老师的眼神在严肃中传递着爱意；有的认为雏老师的眼神在安静中透着温和；有的认为雏老师的眼神中蕴满父亲般的慈祥；有的认为雏老师的眼神就是一条汩汩流淌的河流，在不断地荡涤着人的心灵……

　　事实上，大会开到这里已经非常成功了。没有想到的是，就在最后，有一位50多岁的教师在事先没被邀请的情况下也走上了大会的主席台。他说："我也是雏老师的一名学生，而且在一所中学也教了20多年的书。我一直有一个心愿，就是想让自己也像雏老师一样，把最美的眼神传递给学生。开始的时候，我总不能做好，后来我渐渐发现，能够传递这样美的眼神的人，需要的并不多，那就是你必须有一个满浸着人间大爱的灵魂。这样的人的一生，才会生长出最具人性的枝蔓，才会漫溢出爱的芳香。"

　　他讲完之后，台下顿时响起了潮水般的掌声。那一天，学校得到了他们最想要的答案。

爱因斯坦的镜子

◇田 戈

爱因斯坦小时候是个很贪玩的孩子,他母亲常常为此忧心忡忡。直到16岁那年的秋天,一个上午,父亲将正要去河边钓鱼的爱因斯坦拦住,并给他讲了一个故事。这个故事改变了爱因斯坦的一生。

爱因斯坦的父亲说:"我和咱们的邻居杰克大叔去清扫南边工厂的一个大烟囱,那烟囱只有踩着里边的钢筋踏梯才能上去。你杰克大叔在前面,我在后面。我们抓着扶手,一阶一阶地终于爬上去了。下来时,你杰克大叔依旧走在前面,我还是跟在他的后面。后来,钻出烟囱,我们发现了一个奇怪的事情:你杰克大叔的后背、脸上全都被烟囱的烟灰蹭黑了,而我身上竟连一点烟灰也没有。"

爱因斯坦的父亲继续微笑着说:"我看见你杰克大叔的模样,心想我肯定和他一样,脸脏得像个小丑,于是我就到附近的小河里去洗了又洗。而你杰克大叔呢,他看见我钻出烟囱时干干净净的,以为他也和我一样干净呢,于是只草草地洗了洗手就大模大样上街了。结果,街上的人都笑痛了肚子,还以为你杰克大叔是个疯子呢。"

爱因斯坦听罢,忍不住和父亲一起大笑起来。父亲笑完了,郑重地对他说:"其实,别人谁也不能做你的镜子,只有自己才是自己的镜子。拿别人作镜子,白痴或许会把自己照成天才的。"

爱因斯坦听了,顿时满脸愧色。

爱因斯坦从此离开了那群顽皮的小孩。他时时用自己做镜子,审视自己,思考自己应该做的事情,终于映照出了生命的熠熠光辉。

名医的教诲

◇ 黄 杰

一位年事已高、声名远播的名医,带了一名聪颖、勤奋的徒弟。徒弟平日十分好学,在名医的指点下,很快有所成就。他想早一点出师,成就一番功业。

一天,他终于按捺不住,向名医请教:"师傅,我如何能早点学成,成为一代宗师呢?"名医早就猜到了徒弟的心思,笑而不语。他把徒弟带到沙丘旁的大树下,树的根部有一个1公尺深、碗口一般大的洞。名医给了徒弟一根木棍,然后丢了一个铁球到洞中。他对徒弟说:"你用木棍做工具,把铁球取出来,到时,便知道答案了。"

徒弟左弄右弄,忙活了半天,可谓绞尽了脑汁,但根本无法取出铁球。在确定自己别无他法的情况下,他只好去向名医请教。

名医微笑着边往洞里灌沙,边用木棍不断地拨动铁球,使铁球不致被沙埋起来。灌进去的沙越积越多,球在洞里不断升高,最后接近洞口,名医用手取出铁球。

"明白了吗?"名医笑问。

徒弟陷入了深思。

"徒儿啊!干任何事情不可急功近利,只有在生活中多积累经验,多增长知识、才干,当积蓄到一定程度时,成功便在眼前了。"名医语重心长地说。

"哦,成功在于勤奋的积累!"徒弟恍然大悟。

优秀是一种习惯

◇澜　涛

那年夏天,我终于如愿以偿地成为一名大学生。

随着入学时间的增加,同学们发现了一个问题:

班级里的班干部大多已经被辅导员老师选任,但始终没有明确班长的人选。

辅导员老师解释说,因为自己对同学们都不了解,所以班长的选任被拖延了下来。

这天,同学们正在辅导员老师的带领下开班会。一名老师突然慌慌张张地跑进教室,惊恐地说道:"有教室失火了,都赶快到教学楼外!"教室内立刻乱作一团。你推我挤中,教室门变得狭窄了很多,挤出去要费尽气力。

这时候,一个洪亮的声音在教室里响起来:"都不要乱,男同学站到两边去,让女同学先出去。"

同学们一下都安静下来。顺着声音望过去,只见在教室的最后排,一名黑黑瘦瘦的同学正站在桌子上指挥着:"女生们也不要乱,排成两行往外走,下楼梯的时候也不要乱……"

很奇怪,同学们都按照这名黑瘦同学的指挥做着,刚刚乱作一团的景象变得井然有序。

当所有的同学排成两行都跑到教学楼外后,有同学询问辅导员老师:"老师,既然失火了,为什么只有我们班疏散出来啊?"

辅导员老师笑了,她示意同学们都安静下来,然后说道:"我要说声抱歉,因为并没有失火。这只是一次对选任班长的测试。"说着,辅导员老师将刚才在教室内站在课桌上指挥同学们撤离的黑瘦同学叫出队伍,说道:"我很高兴地告诉同学们,你们有了新班长,就是他。"

接下来,辅导员老师给出了自己选择这名同学做班长的理由:

"突发事件中,能够处变不惊、指挥若定的人一定是一个具有领导才能、非常优秀的人。请你们记住,优秀不是一种行为,而是一种习惯。"

一个智慧的老人

◇戴淑慧

老人住在一所僻静的房子里安度晚年。可是,一天下午,一群孩子的敲桶、打闹声改变了这里原本安静的环境。一连几天都是这样,老人为此很烦恼。后来,她想出了一个办法。她告诉孩子们自己很寂寞、无聊,希望每天都能听到他们敲桶、打闹的声音,为此会付给孩子们一些小费。孩子们快乐地答应了。开始几天,他们敲得很起劲,也拿到了自己应得的小费。过了几天,老人告诉孩子们自己的生活遇到了些困难,小费要少给一些。尽管这样,孩子们还是按时敲桶。又过了几天,老人告诉孩子们小费还要少给一些。孩子们有些不满,渐渐厌倦了敲桶,敲桶的孩子越来越少了。再后来,老人告诉孩子们自己没有能力付给孩子小费了。最后,竟然没有一个孩子来敲桶了。这样,老人的目的就达到了。

别让一杯水压垮自己

◇沈 彦

20 年前,我进入市里的一所师范学校就读。也许是在母校时成绩

相对较差的原因,进入新校后的第一次摸底考试,我在班级里排到第 18 名。我心里非常焦急,暗下决心,一定要进入班级前 3 名。

从此,我成了班里最用功的学生。除了吃饭和睡觉,我几乎把所有的课余时间都用在学习上。可老天并不公平,一个学期下来,我的名次不但没有上升,反而下落了好几名。于是,我又开始不断给自己加压,不仅不舍得浪费 1 分钟的课余时间,还把 8 小时的睡眠时间减缩到 7 小时。哪知一学年结束,我的考试成绩竟然一下子落到第 30 名!我近乎崩溃,产生了退学的想法。

班主任陈老师把我叫到他的办公室,递给我一杯水,然后问我:"你知道这杯水有多重吗?"

我不解其意,如实回答:"大概有 300 克。"

陈老师又问:"这杯水在你手上能端多久?"

"1 个小时没有问题。"我回答。

"这样端 1 天,行吗?"

我摇了摇头。

陈老师说:"其实,这杯水的重量没有变。但是,你端得越久,就觉得它越沉重,直到无力承担。如果你感觉累了,就放下这杯水,休息一下后再端起来。这样,你就可以想端多久就能端多久。"

看似平常的一件小事和简单的　席话,对我的影响却远非一般。从那以后,我不再一直把学习压力装在脑子里。累了,就看看报纸,或者找同学散步聊天。果然,我的成绩开始有了提升,学习也不像以前那样始终感觉很累。毕业时,我虽然没有如愿进入前 3 名,但也顺利地应聘到一所不错的学校任教。

人生就是一次负重旅行。累了,就放下哪怕只有一杯水的重量,让自己休息一下。这并不是偷懒,也不是不求上进,而是为了让自己轻装上路。这样,自己才会在人生路上走得更踏实,走得更远。

名人不是上帝照顾出来的

◇佚　名

一位父亲带儿子去参观凡·高故居，在看过那张小木床及那双裂了口的皮鞋之后，儿子惊讶地问父亲："凡·高不是位百万富翁吗？"

父亲回答："凡·高是个连妻子都没娶上的穷人。"

第二年，这位父亲带儿子去丹麦，在安徒生的故居前，儿子又困惑地问："爸爸，安徒生不是生活在皇宫里吗？"

父亲回答："安徒生是位鞋匠的儿子，他就生活在这栋阁楼里。"

这位父亲是一位水手，他每天都往来于大西洋各个港口间。这位儿子叫布拉格，他是美国历史上第一位获普利策奖的黑人记者。

20年后，在回忆童年时代的这段经历时，他说："那时我们家里很穷，父母都靠卖苦力为生。有很长一段时间，我一直认为像我这样地位的黑人是不可能有什么出息的。好在父亲让我认识了凡·高和安徒生，这两个人都告诉我，上帝没有这个意思。"上帝给了他一个贫困的家庭，却没有挡住他通往成功的道路，促使他成功的正是那两位贫困的名人。

我要离家出走

◇罗伊·达文波特/著　郑树生/译

7岁时，有一天，我在学校（位于南卡罗莱纳州的格林维尔市）和人打了一架，因为有个同学取笑我那"千疮百孔"的裤子，我把他给揍了一顿。我当时就清楚,我在学校惹了麻烦,家里就会有更多的麻烦等着我。没错,回家后父亲就狠狠地训了我一顿,不许我吃晚饭,把我撵回我的房间里,要我好好反省。

我觉得这太不公平了,便宣布:我要离家出走! 父亲听到我的宣告后从房间出去,一会儿又回来了,手里拿着一个手提箱。他说得让我带上足够的衣服,这很重要。这出乎了我的意料:别的小孩威胁说要离家出走都成功地换回了父母的妥协,可是到我这里怎么就不灵呢?

父亲为我装好箱子之后,走出了房间,几分钟后拿着一个纸袋进来了。"妈妈给你装了些快餐在这个袋子里,"他说,"在你到达你要去的地方之前,你很可能会饿得前胸贴后背的。"

我决定不让步,因此我提上快餐袋和箱子,径自朝门外走去。当我离开的时候,妈妈喊道:"要记得写信回来啊,如果下次经过这里的话就进来坐坐哦。"

天哪,我伤心透了。外面漆黑一片,到底要去哪里,我心里没谱。当时有个参加海军的念头一闪即过,可是我不晓得海军在哪里。我走了三四个街区,然后一屁股坐在路边哭了起来。我从来没有像现在这么孤独过。

这时,我心里断定:我的家人现在肯定意识到他们做错了,正在内疚不已。

我偷偷跑了回去,趴在前廊上。这是一个温暖的夏夜,窗户都开着,我看到一家人都聚在屋里。但是很奇怪,没有人谈论我,他们甚至还发出阵阵的笑声。然后父亲问弟弟妹妹们,有没有人想去镇上吃冰淇淋。过了一会,他们都沿门前的台阶下来了。父亲是最后一个出大门的。

他慢慢地走下台阶。当每个人都钻进汽车时,他平静地说道:"我相信今晚'奶品王后(美国的冰淇淋连锁店)'那里一定有鲜桃冰淇淋。如果你们错过了这个,那就太可惜了。"他朝车子走了几步,又停了下来,回过头来,向我伸出了手。我从藏身的地方爬起来,晃头晃脑地朝他跑去。他什么也没说,只是用手搭在我的肩膀上,一起向车子走去。

直到今天,我还不清楚父亲是怎么知道我躲在前廊上的。如今父亲还和我们生活在一起,只是中风使他丧失了大部分的记忆。我永远爱他。

天使的翅膀

◇余春玲

有一个男孩,从小就非常自卑,因为他的背上有两道非常明显的疤痕,就像是两道暗红色的裂痕,从他的脖子一直延伸到腰部,上面布满了扭曲鲜红的肌肉。男孩非常讨厌自己,也非常害怕在小伙伴面前暴露自己的身体。

可是,一次体育课前,在教室换衣服时,他背上的疤还是被其他学生发现了。"你是怪物!""你的背上好恐怖!"……天真的同学们无心的话语刺伤了他的心,男孩哭着跑出教室。从此以后,他再也不敢在教室里换衣服,也不愿意上体育课了。

男孩的妈妈察觉到男孩的不对劲,问他发生了什么事,在听完了男孩的述说后,妈妈特地牵着他的手去找班主任老师。班主任是一个40多岁、很慈祥的女老师,她仔细地听着妈妈讲述小男孩的故事:"这小孩在刚出生的时候就生了重病,当时本来想放弃的,可是又不忍心。幸好当时有位医术很高明的大夫,愿意尝试用动手术的方式挽救这个小生命。经过了几次手术,他的命好不容易被留下来了,可是他的背部,也留下了这两条清楚的疤痕……"

妈妈说着说着,眼睛就红了,她转头吩咐男孩:"来,把背上的疤给老师看看……"

男孩迟疑了一下,还是脱下了上衣,让老师看清楚这两道恐怖的痕迹,这也是他生命奋力挣扎过的证明。

老师温柔地看着这两道疤,有点心疼地问:

"还痛吗?"

男孩摇摇头。

妈妈双眼泛红:"这个孩子真的很乖,上天对他已经很残酷了,请老师多照顾他。"

"我知道,我一定会想办法的。"老师轻轻摸着小男孩的头,"下次上体育课,你一定要跟大家一起换衣服喔。"

"可是……他们又会笑我……"男孩眼睛里滚动着晶莹的泪水。

"放心,老师有法子,以后没有人会笑你了。"

体育课很快就到了,男孩怯生生地躲在角落里,脱下了他的上衣,果然不出所料,所有的同学又露出了惊讶和厌恶的神色。

"好恶心喔……"

"好可怕哟……"

男孩双眼睁得大大的,眼泪已经不听话地流了下来。这时候,教室的门突然开了,班主任老师走了进来。

几个同学马上跑到了老师面前说:

"老师你看他的背好可怕,好像两只超大的虫。"

老师没有说话,只是慢慢地走向男孩,然后露出惊异的表情。

"这不是虫喔。"老师眯着眼睛,很专注地看着小男孩的背部,"老师以前听过一个故事,大家想不想听?"

同学们最爱听故事了,连忙围了过来:"要听! 老师我要听!"

老师指着小男孩背上那两条显眼的深红疤痕,说道:"传说每个小孩子都是天上的天使变成的,有的天使变成小孩的时候很快就把他们美丽的翅膀脱下来了,有的来不及脱下他们的翅膀,就会在背上留下这样两道痕迹。"

"哇!"同学们发出惊叹的声音,"那这是天使的翅膀?"

"对啊,"老师露出神秘的微笑,"大家要不要检查一下对方,有没有人的翅膀像他一样,没有完全脱下来?"

同学们听老师这样说,马上七手八脚地脱掉上衣,相互检查对方的背,可是,没有人像男孩一样,有这么清楚的痕迹。

"老师,我这里有一点点伤痕,是不是?"

"老师,我这里也红红的,我也是天使……"

突然,一个女孩轻轻地说:"老师,我们可不可以摸摸小天使的翅膀?"

"这要问小天使肯不肯。"老师微笑地向男孩眨眨眼睛。

男孩鼓起勇气,羞怯地说:"……好。"

女孩轻轻地摸了摸他背上的伤痕,高兴地叫了起来,"哇,好软,我摸到天使的翅膀了!"

女孩这么一喊,所有的小朋友都挤了过来,争着要摸。

一节体育课,一幅奇特的景象,教室里几十个小朋友排着长长的队伍,等着摸小男孩的背。男孩背对着大家,听着每个人赞叹与羡慕的话语。他的心里不再难过了,他脸上的泪痕还没干,却已经露出了久违的笑容。

后来,男孩渐渐长大,并勇敢地选择了游泳职业。

温柔的征服

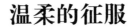

◇张丽钧

那天,她去新接的一个班里上语文课,发现一个男孩没有带书。男孩解释说忘了带。同学们七嘴八舌地说:"老师,他有健忘症!""老师,他一贯这样。"她笑笑,没有再说话。

第二天,她照样到班里来上课,发现那个男孩的课桌上依然空空如也。她没有发作,平静地宣布"上课"。正要讲课时,她却发现自己没有戴眼镜来。她不好意思地说:"同学们,真抱歉呀,我忘记戴眼镜了。我眼花,离了眼镜什么也看不清。"她走到那个没有带书的男孩面前,说:"请你帮我去办公室取一下眼镜好吗?"那个男孩受宠若惊,很快地完成了这项光荣的任务。老师接过眼镜，真诚地向男孩致了谢，然后说："如果一个人经常马马虎虎，丢三落四，这要耽误多少事情啊。我和大家相约，从今天开始，一起来消灭马虎，你们说好不好？"

在后来的岁月里，这位老师送走了一届又一届学生。在她 80 岁诞辰纪念日的时候，崇敬她的人们为她立了一尊汉白玉雕像。在雕像落成的仪式上，当年那个被同学们讥为患有"健忘症"的男孩激动万分地讲述了上面那个故事。他说，那时候，他不知道老师是在用请求自己帮助的方式来巧妙地帮助自己。但是，自打那次给老师拿了眼镜之后，他就告别了丢三落四的毛病。如今，他已经是一名出色的企业家。

信封里的"太阳"

◇贾宪章

丹尼斯把自己在游乐场抽奖得到的 10 美元拿到班上，同学们看到后都羡慕极了。课间，大家走出教室忙着去做游戏，库伯在收拾自己东西时，发现那张钞票就在前面的课桌底下，他忙着喊丹尼斯，可是没有人答应。这时，一个念头在他的脑子里一闪，他悄悄拾起了那张钞票。虽然没有人注意到，但是一出教室，库伯就后悔了，一个声音总在他耳边回响——那不是捡，那是偷！他内心矛盾极了，最后决定第二天找个机会悄悄还回去。

谁知，丹尼斯发现自己丢了钱，并告诉了老师，放学后全班同学都被留了下来。过了一会儿，丹尼斯的爸爸也来到了学校，出人意料的是，他是一位警察——这正是库伯一直梦想的职业。他把厚厚两摞信封分发给每一个孩子，说："我敢肯定这个班里没有小偷，有的只是犯了错的孩子，而且他目前还没有勇气承认错误。怎么办？我给大家的信封里每一封都装着一个我画的红太阳，没有犯错的孩子明天把信封好交给丹尼斯;犯错的孩子把 10 美元装在信封里交给丹尼斯,请留下信封里的太阳,等你有勇气认错了再还给我。"第二天,丹尼斯果然收回了自己的钱,信封里也少了一个"小太阳"。

库伯长大后在警察岗位上工作很多年,抵制了许多的外在诱惑。有一次,他因破获诸多重大案件而获嘉奖,给他颁奖的竟是多年不见的丹尼斯的爸爸。在他们互相致意后,库伯从口袋里拿出了一张白纸,慢慢展开,上面画着一个闪着金光的红太阳,空白处是一行孩子的字迹:"我知道今天我犯了错误,是我拿走了丹尼斯的 10 美元……"

认真观察一条鱼

◇马际娥

让我们来欣赏哈佛大学阿加西斯教授的一节课。

当年轻的塞缪尔·H·斯卡德满怀激动地来到他向往已久的阿加西斯教授的实验室时,他以为这位著名的教授会滔滔不绝地讲些什么,但教授却只是取出一条鱼让他观察,并说过后听取他的汇报。满心失望的塞缪尔仅用 10 分钟就完成了任务。由于迟迟不见教授的到来,无聊之际,他又从各个角度重新观察了那条鱼,甚至用手去摸那鱼的牙齿看看是否锋利,数鳞片的数目……最后,他用铅笔去画那条鱼,居然发现了那条鱼的一些新特征。这时,教授回来了,首先肯定了塞缪尔的这种做法——使用铅笔画鱼也是好的观察方式之一,但还没有观察出这种动物最明显的特征,要求他继续观察……一个下午过去了,教授对塞缪尔的汇报还是不满意,要求他再考虑考虑;第二天,第三天,塞缪尔一直围着那条鱼转,并且反复琢磨,每当他谈出一些新发现时,教授就不断鼓励:很好! 很好! 但还不够,继续! 直到第四天,另一条鱼被放到第一条鱼旁,教授要求他指出它们的异同点,接着是一条又一条……

大名鼎鼎的教授并没有给学生讲解鱼的演变过程、外形特征，或者介绍一下这种鱼与其他种类鱼的不同点，尽自己所能让学生了解到更多的知识，而是让塞缪尔自己在一次次的探索中学会学习、研究和创造，并养成重视解决实际问题的积极的学习方式，这正是一种有利于终身学习、发展的学习方式。

永远的歌声

◇李映菲

在一节音乐课上，我正教唱歌曲《让我们荡起双桨》。突然，合唱中夹杂进哄笑声。我回头一看，发现坐在前排的一名同学正面向大家站着，顽皮地挥动着双手。

我的第一反应是这个同学在捣乱。但我镇定了一下，走到他身边轻轻地说："咦，你先别急着坐下。"然后，叫大家停止合唱，问道："刚才这位同学在干什么？"大部分同学都很严肃，只有几个同学回答道："在指挥。""是吗？我们合唱团正缺一个指挥呢！"我对那位同学说，"来呀，你来指挥，和大家一起把这首歌再合唱一遍，好吗？"

歌声再次响起，刚才那位因调皮而有些脸红的同学，这会儿变得越来越认真，也越来越富有节奏地挥动着他的双手。

从此，每次上音乐合唱课，这位同学便理所当然地成了指挥。在我的指导下，他的指挥水平日渐提高。后来在一次全校合唱比赛中，这个班获得一等奖，这位"指挥"在学校竟变得小有名气了。

10年后的教师节，一封来自北京的美丽贺卡出现在我的桌上："李老师，您还记得10年前那个捣蛋鬼小林子吗？在那之前我根本不喜欢音乐，但我因一次故意捣乱竟被您选为指挥了，而我竟然也从此喜欢上了音乐。我觉得不能辜负您，所以经过多年努力，今年如愿考上了大学音乐系。入校一星期就是教师节,我第一个想问候的就是您。"

老师的预言

◇王熙章

高中毕业时,他看着毕业证书上的各科成绩,就知道大学一定与他无缘了。三门理科都不及格,唯有语文考了个95分,这样偏科的学生哪里是考大学的料?

班主任老师看着他落寞的表情,对他说,老师是学过麻衣相术的人,从他的面相看,他不应该是那种一事无成的人。如果努力,在他35岁的时候在文学方面有成大器的可能。

多年后,他已是全国小有名气的作家了。他在城里买了房子,将妻儿接进了城中,一心一意地做起了文学撰稿人。他逢人便说,是老师那个预言让他改变了人生。

就在一个冬天的傍晚,他几经打听,登上了那位老师的家门。当年英姿勃发的老师已白发苍苍,瞅着当年的学生,没有认出他是谁。他激动地对老师谈起了他当年的那个预言,老师却说:"我会麻衣相术?呵呵,不会吧,我啥时学过那玩意儿?"

走出老师的家门,他泪迷双眼。他知道当年是老师给了他一个善意的谎言,也正是这个激励着他一生的谎言,改变了他的人生。

让补丁高贵

◇斯 维

毕业前夕,教授给我们出了一道题:现代生活中有补丁的衣服极为少见。请问,如果一件衣服上有一块难看的补丁,如何让它变得高贵?

这个问题一时成为我们每晚"卧谈会"的主要内容。两个星期后,我们探讨出了若干种方法——

在补丁上绣花,请一位模特穿上这件衣服上台演示,使补丁成为一种另类的时尚;编写一个关于这个补丁的动人故事;邀请名人,在补丁上签字;放弃这件衣服穿的功能,把它作为某场合的展览品……我们把这些方案交上去,教授看到后频频点头,打上一个个"A"。

不久,我们毕业了。离校时,教授要求我们都带走这份关于让补丁高贵的作业。在后来的奋斗中我们才明白,教授是想告诉我们:卑微的补丁可以高贵,芸芸众生,也可以运用自己的智慧,为自己的人生添上厚重且高贵的一笔。

这是我读书生涯里的最后一课,这一课给了我一笔宝贵的精神财富。

河流为什么不走直路

◇黄小平

地理老师把一幅《世界河流分布示意图》挂在黑板上,问:"同学们,这幅示意图上的河流有什么特点?"

学生们的回答各种各样,其中有一个学生答道:"都不是直线,而是弯弯的曲线。"

"为什么会是这样呢?也就是说,河流为什么不走直路,而偏偏要走弯路呢?"老师继续问。

同学们七嘴八舌地议论开了。有的说:河流走弯路,拉长了河流的流程,河流也因此能拥有更大的流量,当夏季洪水来临时,河流就不会水满为患了;还有的说:由于河流的流程拉长,每个单位河段的流量就相对减少,河水对河床的冲击力也随之减弱,这就起到了保护河床的作用……

"同学们,你们说的这些都对。"老师说,"但是,在我看来,河流不走直路而走弯路,最根本的原因是,走弯路是自然界的一种常态,走直路却是一种非常态。因为河流在前进的过程中会遇到各种各样的障碍,有些障碍是无法逾越的,所以,它只有取弯路,绕道而行。也正因为走弯路,让它避开了一道道障碍,最终抵达了遥远的大海。"说到这里,老师突然把话题一转,说:"其实,人生也是如此,当你遇到坎坷、挫折时,也要把曲折的人生看作一种常态,不悲观失望,不长吁短叹,不停滞不前,把走弯路看成是前行的另一种形式、另一条途径,这样你就可以像那些走弯路的河流一样,抵达遥远的人生大海。"

把走弯路看成是一种常态,怀着平常心去看待前进中遇到的坎坷和挫折,这就是我在一堂地理课上收获的人生启示。

这不是理由

◇[美]朱迪斯·斯旺森/著　朱芳/译

从上 9 年级卫生保健课的第一天起,教室里的一块黑板上就画着一幅人体解剖图,上面标着人体主要骨骼、肌肉的名称和部位。整整一个学期,这幅人体解剖图就一直在那里,不过老师从来没提起过它。

期末考试那天,我们一进教室,就发现画有人体解剖图的黑板已被擦得干干净净。那次考试唯一的试题是:"写出人体各主要骨骼、肌肉的名称和部位。"全班同学异口同声地抗议:"我们从来没学过这个!"

"这不是理由!"老师反驳,"那幅解剖图在黑板上已经好几个月了。"无奈之下,大家只好勉强答题。过了一会儿,老师把试卷全部收起,然后尽数撕碎扔到了垃圾桶里。"永远别忘记,"老师严肃地告诫我们,"你们来学校上学,不仅要掌握老师教给你们的知识,更要懂得主动学习老师没有教给你们的知识。"

"满　了"

◇孙金利

禅宗里有这样一则故事。徒弟学艺多年,出山心切,赶去向师父辞行。

"师父,我已经学够了,可以独闯天下了。"徒弟说。

"什么叫够了?"师父问。

"满了,装不下了。"徒弟答。

"那么你装一大碗石子来。"

徒弟照办。

"满了吗?"师父问。

"满了!"徒弟十分自信。

师父抓起一把细沙,掺入石中,沙一点儿也没有溢出来。

"满了吗?"师父又问。

"这回满了。"徒弟面带愧色。

师父又抓来了一把石灰,轻轻洒下,还是没有溢出来。

"满了吗?"师父又问。

"师父,我知道错了!"徒弟似有所悟。

人生的偶然

◇雪小禅

人生是有许多偶然的,因为这些偶然,人生也就增添了很多的机会。

16岁的时候,她只是个很平常的女生,学习下等。那时她上初二,不知道自己的明天在哪里。

一次期中考试前,她的好友悄悄对她说:"告诉你一个好消息,我有了这次考试的卷子了。"原来,另一个学校已经考过,与这次考试用的是同一套试题。

那是张数学卷子,她几乎把它背下来,如果按她的真实水平,她只能考30多分,但她那次考了全班第一名,她的朋友只背下来一部分,考了70多分。所有人都怀疑她作弊,只有老师表扬了她并鼓励她,说她进步很快,以后肯定还会考出好成绩。那一刻,她差点流泪,她没想到老师相信她,而同学们对她的羡慕让她体会到了一种从来没有过的喜悦和兴奋,原来,学习好了可以如此自豪。

从那以后,为了证明自己没有作弊,为了对得起老师那句话,她像发了疯一样开始学习,并从中体会到了学习的乐趣。不久,她的学习成绩果然跃居全班第一,一年后,她考上了重点高中,三年以后,她考上了大学,再后来,她去美国留学了。

几年后,她回到母校作报告,说了自己的故事。而已经白发苍苍的数学老师对她说出了真相:孩子,当时我就知道你是作弊了,因为以你的能力不可能考98分,但我想,也许你能从此发奋,所以,我给了你鼓励和信任。

那一刻,她流下了泪水。在人生的最关键的时候,那个最明白她的人,没有把她当贼一样揪出来,而是给了她鼓励,让她的人生从此不同。

100℃人生

◇李雪峰

教授的一群学生要离开学校毕业了。最后一堂课,教授把他们带到了实验室。皓首白发的教授说:"这是我给你们上的最后一堂课了,这是一堂最简单的实验课,但我希望你们以后能永远记住这堂课。"

教授说着,取出一个玻璃容器,又往容器里放满了水。教授把盛水的容器放进一旁的冰柜里说:"现在我们将它制冷。"过了一会儿容器被取出来了,容器里的水凝成了一块晶莹剔透的冰。教授说:"0℃以下,这些水就成了冰。冰是水的另一种形态,但水成了冰,就不能流动了。"

"现在,我们来看水的第3种状态。"教授边说边把盛冰的玻璃容器放到了酒精炉上,并点燃了火焰,过了一会儿,冰渐渐融化了,后来被烧沸了,咕咕嘟嘟地翻腾出一缕缕白色的水蒸气,在实验室里静静飘着,弥散着。

过了没多久,容器里的水蒸发干了。教授关掉酒精炉让同学们看空空如也的玻璃容器,问道:"谁能说出那些水到哪儿去了呢?"学生们盯着教授,他们不明白:在这最后一堂课,学识渊博的教授为什么给他们做这个最简单的实验呢?

教授看着那些不愿意回答这个幼稚得有些可笑的问题的学生们说:"水蒸发到空气里,流进蓝蓝的辽阔无垠的天空里去了。"教授微微顿了顿说:"你们可能觉得这个实验太简单了,但是……"教授口气一转,严肃地说:"它并不是一个简单的实验!"

教授环顾那一双双迷惑不解的眼睛,说:"水有 3 种状态,人生也有 3 种状态。水的状态是由自身的温度决定的,人生的状态是由自己心灵的温度决定的。"教授说,"假若一个人对生活的温度是 0℃ 以下,那么这个人的状态就是冰,他的整个人生也就会是冰,他所生活的世界也就不过是他双脚站的地方那么大;假若一个人对生活和人生抱平常的心态,那么他就是一掬常态下的水,他能奔流进大河、大海,但他永远离不开大地;假若一个人对生活和人生是 100℃ 的炽热,那么他的人生就会化作水蒸气,成为云朵,腾飞起来。他不仅拥有大地,还能拥有天空。他的世界将和宇宙一样大。"

教授微笑着望着他的学生们问:"明白这堂最简单的实验课的意义了吗?"

"不,这不是一堂简单的实验课!"学生们异口同声地说。

对玫瑰的看法

◇ 刘珍莲

有个少年写了篇文章,十分得意,将它寄往报社,并告诉家里人,请他们准备好"惊喜"。

可是很长时间过去了,报社没有传来任何消息。少年很失望,很沮丧,很灰心。母亲见状,乐呵呵地抚摸着少年说:"孩子,那篇文章写得很美,是我看见过的最好作品。"孩子没兴致听这样的夸奖,他已对自己失去信心。

这时,母亲从花瓶中取出一枝玫瑰,说:"孩子,你看这是什么?"孩子说:"花。"母亲说:"它是我种的,叫玫瑰,一种植物。在姑娘们眼中,它代表容貌的美丽;对一位商人而言,它意味着利润;而在一头牛嘴里,它又变成食物。"

孩子迷惑地望着母亲。母亲说:"在你我看来,那篇文章的确很优秀;但是,别人却未必有同样的感觉。因为每个人的思维方式、审美眼光不同,每个人都有自己的角度和立场。你要所有的人都赞赏你的文章是不可能的,也没必要。但为什么不继续努力呢?尝试各种各样的手法,写不同风格的文章,再寄给十家、二十家报社,相信总会遇到欣赏你的人。"

孩子受到了启发,不再在乎那"一朵玫瑰"的去向和结果,开始勤奋地著作,播种更多的"花朵"。他相信:他最终会被不同的人所接受、喜爱。

又过了很多年,这个叫海明威的少年成了大作家,从瑞典国王手中接受了诺贝尔文学奖奖章。

上帝替我蒙住了左眼

◇赵功强

高中快毕业时,布朗遭遇变故,左眼失明了。他十分沮丧,甚至不想上学了,谁的劝慰都毫无效果。

恰好那时,布朗的哥哥约翰从大学回家休假。一天,他欢天喜地地找到布朗,塞给他一把手枪和六发子弹。布朗有些惊奇,小心翼翼地抚摸着手枪,问:"这是一把能开火的真枪?"约翰拍着弟弟的肩膀,说:"当然！我们到户外进行实弹射击,玩个痛快!"

布朗犹像了片刻,终于起身和哥哥一起出了门。来到屋后的小山冈,他们将目标定于20米开外的一棵橄榄树。约翰率先举枪,眯起左眼瞄准,结果连开三枪都没有命中目标,只好把枪交给布朗。布朗的前两发子弹都射偏了,有些沮丧,约翰在一旁鼓励:"别放弃,你还有一次机会!"这一次,布朗屏气凝神,果然击中了树干。

约翰欢呼着抱住了弟弟,兴奋地说:"刚才我努力眯紧左眼,很吃力,所以没有瞄准。你比我有优势,因为上帝替你蒙上了左眼,你可以心无旁骛,专心瞄准目标!"

约翰假装羡慕所说的话,深深打动了布朗。第二天,他又回到学校学习。

在许多次演讲中,布朗激昂而自豪地宣称:"我的左眼是上帝为我蒙上的,就是希望我能专注于我毕生的事业,专注于我的目标,执著向前!"

46岁时,他当上了英国历史上任期最长的财政大臣,后来,他接任布莱尔成为英国首相。

像水一样流淌

◇张健伟

从小,他就做了从大学中文系到职业作家的绚丽规划,然而,命运和他开了一个玩笑。

1955年,他的哥哥要考师范了,但是,靠父亲卖树的微薄收入根本无法供兄弟俩一起读书,家里只好让年幼的他先休学一年。

1962年,20岁的他高中毕业。社会经济的严重困难迫使高等学校大大减少了招生名额。结果,成绩名列班级前三名的他与大学失之交臂。所有的理想、前途和未来在瞬间崩塌,他不知所措。记不清多少个深夜,他在睡梦中从用烂木头搭成的临时床上惊叫着跌到床下。

沉默寡言的父亲开始担心儿子:考不上大学,再弄个精神病怎么办?就问他:"你知道水怎么流出大山的吗?"他茫然地摇摇头。父亲缓缓说道:"水遇到大山,碰撞一次后,不能把它冲垮,不能越过它,就学会转弯,绕道而行,借势取径。记住,困难的旁边就是出路,是机遇,是希望!"父亲又说:"即便流动过程中遇见了深潭,即便暂时遇到了困境,只要我们不忘流淌,不断积蓄活水奔流,就一定能够找到出口,柳暗花明。"

一语惊醒梦中人。1962 年,他在西安郊区毛西公社蒋村小学任教;1964 年,他在西安郊区毛西公社农业中学任教。后来,又历任文化馆副馆长、馆长。1982 年,他终于流出大山,进入陕西省作家协会工作。1992 年,感怀这 40 年农村生活的积累,他写出了《白鹿原》。

他就是陈忠实。后来有人问他:"如何面对困难与挫折?"陈老总是淡淡地说:"像水一样流淌。"

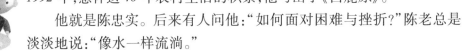

给自己一个站立的弧度

◇ 向长征

小伟是一个性格特别内向的男孩,少言寡语,从不惹是生非,成绩雄居榜首,因此老师们常常更多地关注他的学习,很少和他谈心,也没多留意他的思想。在众多教师眼中,小伟是个温顺听话的孩子,甚至有的任课老师任教将近一年了,还从未和小伟谈过学习以外的话题。

可是,有一天,我在走廊里看见小伟像一头暴戾的狮子,攥着拳头,全身颤抖,喘着粗气,怒视着数学老师。我想他已经失去了理智,作为班主任,生怕他做出异常的举动,内心十分紧张。我走过去,声音低沉并保持威严地命令:"小伟,请你到我的办公室来!"我故意用一种不容抗拒的语气说话。小伟慢慢地挪动了双脚,这才让我紧绷的心弦松弛下来。

我首先认真倾听了小伟愤怒的申诉,然后规劝他平静下来听我说话,和我交换看法。我说:"你和老师之间发生了不愉快,肯定是要尽快解决。"小伟激动地说:"大不了,我不读书了!我不会原谅他的,我要……"

我说:"小伟呀,你太任性了,因为这点事就不读书了,不值啊!你现在心里不舒服,不如我们聊聊别的,先把这件事放一放,待会儿再说。"

我随手拿起一张纸,并说我想把这张单薄平滑的纸在桌面上竖起来,然后和他一起想办法。经过多次尝试我们都没有达到目的。后来我将纸卷成筒状在手上把玩,然后将纸展开,发现这张纸形成了一个不易消除的弧度,再将纸往桌子上竖放时,很轻易地就将它竖起来了,而且立得很稳。

我要小伟总结一下,纸为什么能够立起来。显然,纸能够竖立起来是因为它具备了一个小小的弧度。于是,我借着这个话题和他展开讨论:

"弧度的存在拓展了纸的支撑面,扩大了它的平衡点,让纸张的竖立具备了更大的可能。

如果是一根宁折不弯的筷子,要让它在光滑的桌面上竖起来恐怕很难。对筷子来说,两端那狭小的平衡点是与生俱来、无法扩展的,要实现筷子的竖立,除非附带其他的外在条件,比如底部的粘贴、外在的支撑,或是将其插入泥土或沙子之中。筷子的属性决定了它很难有自己的弧度,所以它很难像那张纸一样可以靠自身的弧度站立起来,这正是它不容乐观的地方。

小伟,我们做人又何尝不是如此呢?性情耿直、不折不弯的人,再怎么有才气,再怎么有能耐,在人生旅途上遇到的挫折和失败也会多一些。相反,那些能屈能伸、能进能退的人,在某些方面可能是平庸的,但在很多场合却如鱼得水,收放自如。他们的人生优势,正是恰到好处地给自己的生命提供了一个可以立起来的弧度。"

小伟认真地听着我的讲话。见他对我的话能够接受,我继续说道:"小伟啊,你什么都好,就是太倔强,和老师发生了矛盾,甚至宁可放弃读书的机会!老师知道你什么都不怕,但是能不能像这张纸一样,给自己一个弧度,做一个能屈能伸的'大丈夫'?

小伟,给自己的生命一个弧度吧,你的人生就会赢得更多可以站立起来的机会!"

小伟听了我的话,显得有些羞愧,说道:"谢谢您,老师,我会真诚地向数学老师道歉,给我自己一个站立的弧度!"

没有惩罚本身也是一种惩罚

◇王亦男

故事发生在一个普通的法国家庭。一天,孩子放学后在客厅里玩篮球。正玩得起劲,篮球不慎打落书架上的一个花瓶,花瓶"咚"的一声重重摔到地板上,瓶口顿时摔掉一大块碎片。更令孩子大为惊骇的是,这个花瓶不是普通的摆设品,而是家里世代相传的波旁王朝时期的古董。为了掩盖自己闯下的弥天大祸,孩子慌乱地把碎片用胶水粘起来,胆战心惊地放回原位。

由于每天都会亲自擦拭花瓶上的灰尘,所以细心的母亲当天晚上就发现了花瓶的"变化"。吃晚餐时,她问孩子:"是不是你打碎了花瓶?"害怕受到惩罚的孩子灵机一动说,一只野猫从窗外跳进来,碰倒了架子上的花瓶。母亲很清楚,孩子在撒谎。然而面对孩子胆怯的眼神和家人疑惑的目光,母亲只是不动声色地说:"看来是我疏忽了,没有关好窗户。"

就寝前,孩子在床上发现了一张便条:母亲让他马上到书房去。书房里,橘红色的灯光柔柔地弥散开来,母亲的脸平静地沉浸在光晕中,没有一丝波澜。看到孩子忐忑不安地推门进来,她从抽屉里拿出一个巧克力盒子,把其中一块巧克力递给孩子:"贝克纳德,这块巧克力奖你,因为你运用神奇的想象力创造出一只会开窗户的猫,以后你一定可以写出很好看的侦探小说。"接着,她又在孩子手里放了一块巧克力:"这块巧克力奖给你杰出的修复能力,虽然用的是胶水,但是裂缝吻合得几乎完美无缺呢。不过记住,你用的胶水是用于修复纸质物品的,修复花瓶不仅需要更强力的胶水,还需要更高的专业技术。明天我们把花瓶拿到艺术家那里,看看他们是怎样使一件工艺品完好如初的。"母亲一边说着,一边又拿起第三块巧克力:"这最后的一块巧克力代表我对你深深的歉意,作为母亲,我不应该把花瓶放在那么容易摔落的地方,尤其是当家里有一个热衷体育的男孩子的时候。希望你没有被砸到或者吓到,我的小甜心。"

"可是,妈妈,我……"孩子的心里充满了愧疚。之后的日子,一切照旧,唯一的变化是,孩子再也没有撒过一次谎,每当他不由自主地想要撒谎时,那三块巧克力就会立即浮现在眼前。

完美的"缺陷"

◇刘建伟

吉吉超市新购进一批高档杯子,样式新颖,色调匀称,超市艾经理相信它们一定能成为一批抢手货。

然而,奇怪的是,一周过去了,一个月过去了,愿意购买的顾客却很少。看到这么漂亮的杯子,许多顾客先是一阵惊喜,但当拿在手中仔细看过之后,均摇摇头,放下杯子走开了。

艾经理百思不得其解,就去请教一位心理学家。

　　心理学家拿起杯子,细细看过之后,便叫经理马上派人把这批杯子上的盖子全部取走,杯子仍放在柜台上原价出售。"这批杯子,杯身设计新颖、做工精细,但它们的盖子却有一处缺陷,顾客们想买下杯子,却又总觉得买了吃亏。如今盖子一去,它们又成为一批完美的杯子了。"

　　10 天的工夫,这批杯子被抢购一空。

　　很多时候,我们的烦恼不是来自于对"美"的追求,而是来自于对"完美"的追求。由于刻意追求完美,我们不能容忍缺陷的存在,结果,经常是一点小小的缺陷,就可能遮蔽我们审美的眼睛,使我们的目光滞留在缺陷上,而忽略了周围其他的美好之处,以致错过了许多美好的东西。

手中的坏河蚌

◇**李阳波**

　　小时候最喜欢帮母亲检查买回来的河蚌有没有坏的。检查的方法,是用左手先拿住一个河蚌,再用右手捡起来其他的河蚌,一个一个敲敲看。如果河蚌发出的声音是结实的,这个河蚌就是新鲜的;如果敲出的声音是虚的,有点沙哑的,不管它闭得多紧,也是坏河蚌。

　　有一天,母亲又买回了一大包河蚌,我熟练地拿出一个洗菜盆,开始我的鉴定工作。出乎意料的是,居然所有的河蚌都是坏掉的?我简直不敢相信自己的耳朵。

　　于是,母亲亲自动手检验,发现原来我抓在左手里的那个河蚌是坏的。难怪敲起来的声音全都不对劲!

做好了就是机会

◇黄小平

有一位名叫艾伦的孩子,9 岁时,在他祖父的牧场里开始了他的第一份工作——赤手去捡牧场上的牛粪饼。一般的孩子都嫌这份活儿脏,不愿做,而艾伦却干得很好。由于他捡牛粪饼表现出色,祖父给了他一个向往已久的工作——放牧马匹。这件事深深影响了小艾伦,使他坚信这样一个人生信条:手头的工作无论多么平凡,只要做好了,就是机会。

长大后,他从每星期挣 1 美元的肉铺帮工做起,这份工作虽然又累又脏,但他干得很出色,因为他一直没有改变他的人生信条:做好了,就是机会。

果然,后来他成为每星期挣 50 美元的美联社记者。

再后来,他又成为年薪 150 多万美元的首席执行官。

最后,他成为美国阅读面最广的报纸《今日美国》的总编。

艾伦的人生信条告诉我们,最紧要的是把我们眼前的工作做好,不论眼前的工作多么普通,做好了,平凡的工作也能成为我们晋升的阶梯。

教　　训

◇吴晓燕

一名 10 岁的美国少年要去参加野营。临出门的那天晚上,少年的母亲悄悄地检查了他所有的行李,发现儿子忘记了带手电筒。更为糟糕的是,要去野营的地方气温明显要比当地低,但儿子并未因此而多带衣服。然而,这位美国母亲并没有去提醒儿子。

一周后少年安全地回来了。当母亲问他对这次野营有何感想时,他首先说的就是这两个问题。他总结道:以后外出首先要了解当地的天气情况;另外,要列一个详细的物品单,这样就不至于出现明明想到要带手电筒但临行前却忘记的情况了……

顽童与绿头蝇

◇[意]乔万尼·莫斯卡

我当时20岁,上衣胸袋里塞着一封暂任教师的聘书,忐忑不安地到学校谒见校长。

校长看到我就蹙眉:"教育部在搞什么鬼?"他大声说,"我要的是个硬汉,可以彻底制服那40个小祸害的人,而他们却派个孩子来给我。他们会把你弄得粉身碎骨的!从来没有人能驾驭得住那些男孩子,40个小魔头,在他们的领袖格勒斯基的指挥之下,武装起来,组织起来。他们最后的教师是一位严厉出名的老夫子。昨天他含泪走了,要求转调到别的地方。"

我坚持希望他给我一个机会。于是校长带我来到班级教室。

"就是这里,"校长说着,在五年级丙班的门口停下来。教室里闹翻了天,尖叫声、铅弹掷向黑板的噼噼啪啪声、唱歌声、桌子拖前拉后声,可以传到两层楼以外的地方。

"我想他们正在建筑防栅。"校长说。

他捏了我的手臂一把,然后走开了。要不是我等待这份工作已经有一年之久,我大概也会一走了之。但我没有走掉,倒是开了门,走进教室,教室里顿时安静下来。

我充分利用这个机会,关了门,走到教桌后面。40个男孩虎视眈眈地望着我。

在外边,风吹动树枝,拂扫着窗子的玻璃。

我紧握拳头,尽量让自己不开口,深知一做声就威势全失。我必须等待,随机应变。

那些男孩目不转睛地望着我,我以驯兽师凝视猛虎般的目光环视他们。要认出他们的领袖格勒斯基并不难,他坐在第一排,个子很小,头发剪成平头,缺了两颗牙齿,眼睛虽小但目光凶猛,他两手把一只橘子抛来抛去,望着我的眉心。

突然,他大叫一声,右手紧握橘子,臂膀向后一扬,把橘子掷过来。我把头微闪,橘子在我背后的墙上砸烂了。格勒斯基的脸上露出意外的表情,这可能是他初次失手。而我不过把头稍微歪了一下,不让他击中而已。

格勒斯基一怒而起,手执弹弓对着我。他那红色的橡皮弹弓,装上了一个沾了唾液的小纸球。几乎就在这一刹那,其余39个男孩也站起来,用他们自己的弹弓向我瞄准。

一片沉寂中,气氛越来越紧张。

树枝仍然轻拂着窗子。一阵嗡嗡声传来,在沉寂中,显得更响亮——一只大绿头蝇飞进了教室。

格勒斯基两眼仍瞪着我,但也对那绿头蝇迅速瞟了几眼。其他男孩也和他一样。我知道他们内心开始有矛盾了:要对付的是这个老师呢,还是那只绿头蝇?

我很明白这只绿头蝇的吸引力有多人。我突然开口:"格勒斯基(那个孩子吓了一跳,因为我竟然知道他的名字),你认为你可以用弹弓打死那只绿头蝇吗?"

"这是我的任务。"格勒斯基答道。

一时班上呢喃起来。刚才那些弹弓都对准着我,现在纷纷放下来,大家都望着格勒斯基,而他也离开了书桌,向那只绿头蝇瞄准。不过那纸球"砰"的一声,只打中了电灯泡。绿头蝇仍逍遥自在地嗡嗡作响,活像一架飞机。

"把弹弓给我!"我说。

我嘴嚼了一块纸片,揉成球状,用格勒斯基的弹弓向那只绿头蝇瞄准。

我瞄了很久,心里不断对自己说:记住,从前在学校里,杀绿头蝇的本领没有人及得上你。

然后我松了橡皮筋,嗡嗡的声音戛然而止,绿头蝇坠死在我的脚下。

"格勒斯基的弹弓,"我说着,回到了自己的讲桌前,举起那红色的橡皮筋,"就在我的手里,现在我要其他的。"

我听到有人在耳语,不过这是羡慕而非敌对的声音。他们低了头,一个一个走到我的桌前来,不消一会儿,讲桌上就高高堆满了 40 把弹弓。

我神态自如,若无其事地说:"让我们开始学动词吧! 格勒斯基,到黑板前面来!"

我把粉笔抛给了他,叫他默写。

宝石 VS 稻草

◇小　鱼

富商奥力姆和他的朋友玛迪,一起来到一座城市。奥力姆对玛迪说:"你知道吗? 这座城市在我年轻时曾经救过我的性命。那一年我从这里路过,突然疾病发作,昏倒在路旁,是这座城市里善良的人们把我背到医院。如今,随着财富的增加,我越来越想报答我的救命恩人。"

"那么,你准备为这座城市做点什么呢?"

"把最珍贵的 3 颗宝石送给这里的人们。"

他们在这座城市住了下来。第二天,奥力姆在门口摆了一个小摊,上面摆着 3 颗闪闪发光的宝石。奥力姆在摊位上写了一张告示:"我愿将这 3 颗珍贵的宝石无偿送给善良的人们。"可是,过往的行人只是驻足观望了一会儿,又各走各的路去了。

一天过去了,3 颗宝石无人问津。两天过去了,3 颗宝石仍遭冷落。三天过去了,3 颗宝石还是寂寞无主。

奥力姆大惑不解。玛迪笑了笑说:"让我来做个试验吧。"于是,玛迪找来一根稻草,将它装在一个精美的玻璃盒里,盒中铺上红丝绒布,标签上写着:稻草一根,售价 1 万美元。

此举一出,全城轰动,人们争先恐后地前来询问稻草的非凡来历。玛迪说,这根稻草乃某国国王所赠,系王室传家之物,可保佑主人荣华富贵。结果,此稻草被人以 8000 美元买去。

3 颗宝石依然熠熠发光,但人们似乎只是把它们当作假货,当作是哄小孩子的东西而已。

事后,玛迪对奥力姆说:"人们总是对难以到手的东西垂涎三尺,哪怕它只是一根稻草。人们对越是轻易可以得到的东西,就越不知道珍惜,甚至把宝物看成废物。"

永远不是孩子的错

◇祁中伟

一次,我到一所驯兽学校办事,看到驯兽师们正在教大象画画,训练海豚做空翻,教鬣狗跳芭蕾舞,让狒狒溜滑板……当时,我很佩服这些驯兽师,他们把这些语言不通、好吃、贪睡又很笨拙的动物训练得这么听话,这么有灵气。

职业驯兽师微笑着说:"这些奇迹背后的道理其实很简单——如果动物做了你希望它做的事,奖励它;如果它做了你不希望它做的事,装作没看见。"驯兽师还告诉我一招——"不相容法则"。非洲冠羽鹤喜欢站在驯兽者的头顶或者肩膀上,为了让它们改掉这个坏毛病,驯兽师训练冠羽鹤站在一块彩色的毯子上。冠羽鹤习惯了站在毯子上以后,它们就不会站到人的头顶上了。驯兽师解释说:"想训练动物不做某一件事的时候,可以教它们做另一件事,如果这两件事符合"不相容法则",你的目的就达到了。"

另外,驯兽师还告诉我:"动物有些本性就连最高明的驯兽师也无法改变。"

我相信,孩子们的天性在某些方面也和动物一样。如果孩子们做得好,老师就应该大声地表扬他们;如果孩子们犯了错误,老师应大事化小,小事化了,给他们改正的机会;如果孩子们有些小毛病实在改不掉,老师也应该能心平气和地接受。俗话说得好:你不能教猫咪跳水。

非暴力的力量

◇[印度]阿润·甘地

16 岁时,我与父母生活在南非,住在德班城外我爷爷建立的"凤凰村"里,这个村落距离城市 *18* 英里,周围是一片片甘蔗种植园。在这样偏僻的乡村,我们没有邻居,没有朋友,也没有娱乐。我和两个姊妹总是期盼着能到城里去看看朋友或是看场电影。

有一天,父亲要我开车送他到城里,他要开一天的会。听到有机会进城逛逛,我高兴得跳了起来。由于要等父亲开完会一起回家,所以我一整天都要在城里待着。出家门前,母亲给了我一张购物清单,父亲也给我安排了几件杂事,比如修理一下汽车。那天清晨,我把父亲送到开会地点后,他对我说:"下午 *5* 点来这里接我。"

匆忙办完父母交给我的事之后,我就去电影院看电影了。我看的是两片连映,我完全沉浸在影片中,以至于忘记了时间。直到 *5* 点半,我才想起与父亲的约定。我急忙跑到车库，启动汽车，一路飞驰。赶到约好的地点时，已经快6点了，父亲正在那儿等我。

他担心地问我："你怎么迟到了？"我羞于告诉他我是因为看电影而忘了时间，所以骗他说："车还没有修理好，我只好在那里等着。"但是，我不知道的是，他早已给修车厂打过电话。他知道我撒了谎，对我说："一定是我对你的教育出了什么问题，使你没有足够的勇气告诉我真相。为了弄清楚我究竟错在哪里，我要步行回家，在这条18英里的路上仔细想一想。"

就这样，西装革履的父亲沿着一条尘土飞扬、没有路灯的小路徒步回家。我不能让他一个人走，于是在接下来的5个半小时里，我一直开车跟在他后面。看着父亲的背影，我感慨万千，没想到我的一个愚蠢的谎言，给父亲带来了这么大的痛苦。

就在那个时候，我发誓，今后坚决不再说谎。直到今天我还是会时常想起这件事，有时我还会暗自设想：如果父亲像一般人那样惩罚孩子，对我是否还会产生这样大的效果？我认为不会。如果是那样，我会忍受他对我的惩罚，然后再次犯错。但是，这样温和的行为，蕴涵着如此强大的力量，以至于时至今日这件事仍清晰得就好像发生在昨天一样，这是暴力或说教都无法拥有的力量。

有一种美丽叫宽容

◇湘　子

有人说："人有两颗心，一颗心用来流血，一颗心用来宽容。"

美国前总统林肯少年时曾在一家杂货店打工。有一天，一位顾客的钱被前一位顾客拿走，这位顾客因而与林肯发生争执。杂货店的老板为此开除了林肯，老板说："我必须开除你，因为你令顾客对我们店的服务不满意，那样我们将失去许多生意,我们应该学会宽容顾客的错误,顾客就是我们的上帝。"在许多年后,林肯当上了总统。做了总统后的林肯说:"我应该感谢那位杂货店的老板,是他让我明白了宽容是多么的重要。"

一个懂得宽容的人,他的天地一定更加广阔;一个懂得宽容的人,他的精神一定更加充实;一个懂得宽容的人,他的心灵一定更加纯洁;一个懂得宽容的人,他的灵魂一定更加美丽。

儿子的鱼

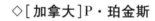

◇[加拿大]P·珀金斯

周日,我和保罗到河边钓鱼。环顾周围的钓鱼者,一对父子引起了我的注意,他们在自己的水域一声不响地钓鱼。父亲一次又一次地钓起足以让我欢呼雀跃的大鱼,接着又放走了。儿子大约 14 岁,穿着高筒橡胶防水靴站在寒冷的河水里,两次有鱼咬钩,但又都挣扎着逃脱了。过了一会儿,突然,男孩的渔竿猛地一沉,差一点儿把他整个人拖倒,卷线轴飞快地转动,一瞬间鱼线被拉出很远。

看到那鱼跳出水面时,我吃惊得合不拢嘴。"他钓到了一只王鲑,个头不小,"保罗悄声对我说,"相当罕见的品种。"

男孩冷静地和鱼进行着拉锯战,但是强大的水流加上大鱼有力的挣扎,孩子渐渐被拉到布满漩涡的下游深水区的边缘。我知道一旦鲑鱼到达深水区就可以轻而易举地逃脱了。孩子的父亲虽然早把自己的钓竿插在一旁,但一言不发,只是站在原地关注着儿子的一举一动。

一次,两次,三次,男孩试着收线,但每次渔线都在最后关头猛地向下游窜去,鲑鱼显然在尽全力向深水区靠拢。15 分钟过去了,孩子开始支持不住了,即使站在远处,我也可以看到他发抖的双臂正使出最后的力气奋力抓紧渔竿,冰冷的河水马上就要漫过高筒防水靴的边缘。王鲑离深水区越来越近了,渔竿不停地左右摆动。突然,孩子不见了!

几秒钟后,男孩从河里冒出头来,冻得发紫的双手仍然紧紧抓住渔竿不放。他用力甩掉脸上的水,一声不吭又开始收线。保罗抓起渔网向那孩子走去。

"不要!"男孩的父亲对保罗说,"不要帮他,如果他需要我们的帮助,他会要求的。"

保罗点点头,站在河岸上,手里拿着渔网。

不远的河对岸是一片茂密的灌木丛,树丛的一半没在水中。这时候鲑鱼突然改变方向,径直窜入那片灌木丛里。我们都预备着听渔线崩断时刺耳的响声。然而,说时迟那时快,男孩往前一扑,紧跟着鲑鱼钻进了稠密的灌木丛。

我们3个大人都呆住了,男孩的父亲高声叫着儿子的名字,但他的声音被淹没在河水的怒吼声中。保罗涉水到达对岸,示意我们鲑鱼被逮住了。他把枯树枝拨向一边,男孩紧抱着来之不易的鲑鱼从树丛里倒着退出来,努力保持着平衡。

他瘦小的身体由于寒冷和兴奋而战栗不已,双臂和前胸之间紧紧地夹着一只大约14公斤重的王鲑。他走几步停一下,掌握平衡后再往回走几步。就这样走走停停,孩子终于缓慢但安全地回到了岸边。

男孩的父亲递给儿子一截绳子,等他把鱼绑结实后,弯腰把儿子抱上岸。男孩躺在泥地上大口喘着粗气,但目光一刻也没有离开自己的战利品。保罗随身带着便携秤,出于好奇,他问孩子的父亲是否可以让他称称鲑鱼到底有多重。男孩的父亲毫不犹豫地说:"请问我儿子吧,这是他的鱼!"

爱得太近

◇胡守文

有一年春天,父亲在屋后的自留地里种下100棵橘树。到了冬天,树苗已有半人高了,放了寒假,我便到橘园里帮父亲干活。

寒意料峭,父亲却只穿一件单衫,握着锄头挥汗劳作。他在果树之间挖了一个个土坑,准备把半年积攒的猪粪、牛粪等肥料填埋进去。"小树正'嗷嗷'地长身体呢,没有足够的营养可不行。"他充满怜爱地看着树苗说。

我也学着父亲的样子去挖坑。但只挖了两三下,父亲就叫住了我。

"这样不对,"父亲走过来,"你挖的坑离树太近了,应该保持半个锄把长的距离。"

"太远了,小树还能吸收到养分吗?"我不以为然地反驳。

父亲说:"太近了,小树一下子吃不消这么多养料,会被'肥'死的。而保持一定的距离,有利于小树一点一点均匀地吸收养料,同时也有利于根须生长。因为要吸收到更多的肥料,树根就必需拼命地往有肥料的地方钻,这样树苗才能长大。"

父亲的一番话,至今犹在耳边回响。经历了一些世事,我现在终于明白:要给予他人爱和关怀,但也要与其保持一定的距离。爱得太近,最终或许会变成一种伤害。

高斯的作业

◇王敏勤

1796 年的一天,在德国哥廷根大学里,19 岁的高斯吃完晚饭,开始做导师单独布置给他的每天例行的数学题。

正常情况下,他总是在两个小时内完成这项特殊作业。像往常一样,前两道题在两个小时内顺利地完成了。第三道题写在一张小纸条上,是要求只用圆规和一把没有刻度的直尺做出正 17 边形。最初,高斯没有在意,像做前两道题一样开始做起来。然而,他越做越感到吃力,困难激起了他的斗志,他决心一定要把难题破解。他拿起圆规和直尺,在纸上画着,尝试着用一些非常规的思路去解决这道题。当东方破晓的时候,他长舒了一口气——终于做出了这道题。

当高斯把作业交给导师时,导师惊呆了,他用颤抖的声音对高斯说:"这真是你做出来的吗?你知不知道,你破解了一个有两千多年历史的数学悬案!阿基米德没有解出来,牛顿也没有解出来,你竟然用一个晚上就解出来了,你真是天才!我最近正在研究这道难题,昨天给你布置题目时,不小心把写有这道题目的小纸条夹在了给你的题目里。"

多年以后,高斯回忆起这一幕时说:"如果有人告诉我,这是一道有两千年历史的数学难题,我不可能在一个晚上解决它。"

高斯由于不知道他做的是一道还没有人能解出来的难题,并把它当作必须完成的作业,他才能调动全部的潜能和智慧,用一个晚上的时间奇迹般地解出来。同样的,如果导师告诉他第一步怎么做,第二步怎么做,他未必能解出这道题,因为他的导师也未必解得出来。可见,学生的潜能是教师估计不到的,放手让学生去大胆探索,可能会收到意想不到的结果。

别浪费失败

◇杨传良

20 年前的中考数学满分是 120 分,我以 118 分的成绩位于全县第一。老师让我谈谈成功经验时,我拿出了 16 本错题集。

那 16 本错题集中有 10 本囊括了初中 3 年所有我出过错的数学题:初一数学 4 本,初二数学 4 本,初三数学 2 本;其余的 6 本综合整理了 3 年中容易出错的数学题。这些易错题有从作业本上摘录的,有从考卷中摘取的,还有从课外书上摘录下来的。第 16 本错题集里那道"含金量"

最高的中考附加题就是在课外书上找到的,那是一道几何题,是一道怪题难题,初读题目让人感到所给的条件不足,最终要做3条辅助线才能解出。初遇这道题时书上没有答案,我当时绞尽脑汁也没想到解决办法,后来我在另一本数学课外书上发现了答案,这让我茅塞顿开。

第11、12本错题集最厚,它们分门别类集合了初中3年中改错后又反复出错的题目。从第13本开始就变薄了,到第16本就只剩下6道题,此时实在找不出再容易犯错的题了。这6道题全是课外书上的,复杂而具有挑战性,可以说是初中数学中的6座高峰。

在考场上,面对4张数学考卷,我体会到"读书破万卷,下笔如有神"的快感。那些题目就像是老朋友一样向我热情地微笑,从头到尾我没遇到一个拦路虎。

我知道这次考试非常成功。3年来,我在书本中反复畅游,多少道易错题和高难度题都让我做熟了,建立错题集的习惯令人受益匪浅。我曾在一本书上读到著名的桥梁专家茅以升的故事,他的数学成绩特别好,据说原因之一也是建立了多本错题集。

人生中,谁都有走错路做错事的时候。错了,不可轻易地放掉这个错误,也不可困在一味自责的怪圈里,积极地解决并总结教训才是最好的应对方法。

珍惜错误吧,它和成功一样重要,是我们人生宝贵的经验。让我们充分利用错误,不至于白白浪费了错误资源。

给欲望设定底线

◇ 林 夕

国庆长假,我带女儿去看画展,旁边的展厅正举行拍卖会。我灵机一动:拍卖场是最残酷也最锻炼人的地方,对手就在眼前,一锤定乾坤。

没有过多思考时间,也没有回旋余地。我向女儿简单讲解了一下竞拍规则,然后带她去参加。

女儿选了一位音乐家收藏的一副塔罗牌,她很崇拜那位音乐家。我告诉她:"这种塔罗牌正常售价 20 元,因为是收藏品,有感情和历史,你愿意为你的感情和它的历史多支付多少呢?"女儿想了想,说愿意付 100 元。我说:"那好,100 元加上原来售价 20 元,就是你的最高出价,也是底线,超过这个底线就放弃。"

随着拍卖师锤响,竞拍开始了。女儿开始举牌。我坐在她旁边,感觉出她很紧张,生怕别人和她竞价。我环视了一下周围,竞拍者还不少,对手并没有因为她是孩子而放弃。已经加价到 100 元了,女儿有些负气,小声嘀咕了一句:糟了,快到了!

我一听,心想坏了,把自己的底牌亮出来了,这是拍卖中最忌讳的。我用胳膊肘碰了她一下,她意识到自己说错话了,但已无力挽回。塔罗牌一路上涨,冲过 120 元底线,女儿还想举牌,我抬手制止她。

走出拍卖厅,我安慰情绪低落的女儿:"虽然你没得到那副塔罗牌,但你今天学到的东西比这副牌更有价值。首先,人的欲望是无止境的,你今天学会为欲望设定底线,这很好,很多人失败就是因为没控制好底线,成了欲望的奴隶。其次,输不要紧,关键要知道输在什么地方。你今天犯了两个技术性错误,一是让对手看出自己经验不足;二是不该说那句话,把底牌亮给人家,这是商场大忌。其实,很多时候,竞争者水平不相上下,最终谁能获胜,取决于心态。拍卖会是一个浓缩的社会,参与者都是你的竞争对手,你要想办法战胜他们。"

女儿冲我笑了笑,脸上的表情还是有些失落。我问她:"如果塔罗牌主人不是那位音乐家,你还会这么喜欢吗?"她摇摇头,我说:"你以前不是总问我,什么叫产品附加值? 这就是。其实人也一样,你现在和班上同学站在同一起跑线,但 10 年后你们的位置就不一样了,你的社会地位、生活质量,取决于你的附加值——知识储备、工作经验和创新能力。其实这副塔罗牌,爸爸完全可以买下来,作为礼物送给你,但我希望你凭借自己的能力得到它。因为在这个过程中,你成长了,有收获,这才是我今天送给你的最好礼物。"

有关钱的教育

◇佚　名

阿莱西欧博士的小儿子科迪刚满 6 岁,他承担了把家里的垃圾收集后放到垃圾桶的工作。每周的"工钱"是 1 美元。他家大大小小十几个房间,十几个废纸篓,要一个一个地清理一遍,工作量不小,这 1 美元也赚得不容易。

有一次,我故意神秘兮兮地问他:"你一共有多少钱?"

他很自豪又神秘地悄声告诉我:"43 美元。"连藏在哪儿也告诉了我。

我问阿莱西欧博士:"为什么不让他存到银行里?"她说:"我们也为科迪开了户头,主要是一些大钱,为他将来读大学储备的。这些小钱就由他收藏,如果存到银行里,孩子没有数字概念,不知怎么回事。自己拿着,一元一元地往上加,看得见,摸得着,时不时拿出来数一数,干起活来也更有动力……"

阿莱西欧博士有 4 个孩子,每个孩子出生时,她都拿出 1000 美元,为他们分别立了户头,然后,在孩子还不懂事时,帮着他们保管各种各样"属于他们自己"的钱,即孩子从亲戚朋友处所得的礼金,孩子的工作所得、奖励所得,以及每月父母给孩子的固定投资,等等。当钱存到够买一股或两股股票时,他们就为孩子购买股票。并且,他们的 4 个孩子从刚出生的那天起,就在证券股票公司拥有了一个自己独立的户头,为自己购买教育基金股票,这类股票享有免税优惠。日积月累,当孩子年满 18 岁时,就足以支付昂贵的学费。

如今,阿莱西欧博士的两个大孩子:一个 13 岁,一个 11 岁。他们对自己的银行户头、证券户头都了解得很清楚。有兴趣时,会对证券公司每月寄来的股票报告从头到尾研究一遍。当然,说起股票的涨落,他们也很有兴趣。

做一回妈妈

◇ 佚 名

玲玲是我朋友的独生女,在美国上中学。有一天,玲玲从学校抱回一个头发金黄、眼睛碧蓝、货真价实的"洋娃娃"。而且,洋娃娃拥有真娃娃的整套装备:睡篮、小衣服、小鞋子、尿布、奶瓶,一应俱全。一开始,朋友觉得很奇怪:玲玲都上初一了,怎么学校还让学生玩娃娃? 没过几个小时,我的朋友就发现:这个娃娃可真不是个"好玩"的玩意儿。它的体内装有电脑程序,每过几个小时,娃娃就会放声大哭,哭的原因有两个:一个是饿了,另一个是要换尿布了。要娃娃"停止哭闹",必须马上行动。首先要查明原因:如果是饿,就要把奶瓶放进嘴里;如果是尿布"脏"了,就得换上"干净"的尿布。如果当"妈妈"的想偷点懒,娃娃就会哭个不停。即使是半夜,娃娃也还是按照预订的设置三番五次地"哭闹"。

那天晚上,玲玲被那个"娃娃"闹得筋疲力尽,狼狈不堪。

第二天,她上学后的第一件事,就是赶快把"娃娃"还给老师,大有"金盆洗手",从此"退出江湖"的架势。玲玲深有体会地说:"自己有个婴儿一点都不好玩,才当一天'妈妈'都累死人,如果天天这样折腾,还怎么读书……"

这就是美国中学给初中一年级学生开设的一门选修课,很像我们所说的家政教育,课程内容就是:怎么照顾婴儿。

我是这样培养女儿的

◇痴　公

我是一个独生女的家长,因为只有这一个女儿,所以爱如掌上明珠。我知道不能把她培育成温室中的小花,经不起风雨,这无疑是害了她;故有意把她从小培养成疾风中的劲草,使她能适应环境,有较强的生活能力。

女儿儿时的玩具是手枪、木刀,她养的小兔、小蛇是她的伙伴,夏天我带她捕蝴蝶、粘知了,让她不怕昆虫,爱小动物,认识大自然。

小学五年级以前她生活在北京,上一年级时她把铅笔削得溜尖溜尖,铅芯露出许多,很容易折断,一支铅笔用不了一个星期。这还了得,于是我点化了她一次。

那时自己去煤铺运 100 块蜂窝煤比请煤铺送到家里省 3 分钱。我借了一辆车,买了 300 块煤,我驾辕,女儿帮套,到了家,让她把煤一块一块码到厨房。她干了小半天,汗流满面,黑眉乌嘴,10 根手指成了炭条儿。我给了她 9 分钱说:"这是你今天挣的,用它买铅笔吧。"她攥着 3 支刚买来的铅笔说:"挣这 3 支铅笔真不容易呀。"自此,她常用运煤省下的钱买文具,也知道爱惜文具了。

后来我到日本任医学中心的院长,她随我来医院时,同僚对她大有众星捧月之势。为了打掉她的优越感,我利用午休时间让她跟我刷厕所,寒暑假帮助卫生员洗衣、送饭。

在日本考上高中以后,没让她入学,把她送到中国去读高中,找了一间房,自己买菜、生火做饭,自己打理生活。高考成绩虽不理想,但她学会了独立生活的本领,这无疑是个大收获。

她回到日本上大学,我只给她交了第一次学费,此后她边打工边上学,自食其力读完了医科。上大学我并没有让她死读书,我对她说:"考七八十分就行,学校学的只有 *20%* 是将来要用的,*30%* 是可查阅不必记的,*50%* 是知识垃圾应该忘掉的。"

让她学空手道,很有长进,到国外打过比赛;让她看书,文学的、哲学的,甚至占卜风水的;请来皇家饭店的厨师教她做菜,她现在不单能做日本菜、中国菜,还能做几道法国菜呢。在她满 *18* 岁之后,我还让她去学了开车。

毕业以后,她在我的医院工作了两年,但不是临床。最初是当杂工,扫厕所、洗床罩、粉刷墙壁;后来当挂号员、记账员;最后才给病人看病。

后来又让她到社会上去"进修",到饭店去打工;给有钱人家的小姐当私人保镖,学会侍候人;到街头当交通指挥员,晒得脸漆黑,学吃苦;让她到庙会(神社等)租块地方去卖玩具,学练摊儿;让她去医科大学打工,处理尸体,把内脏的污物清除,然后泡到福尔马林池子里,练胆儿;让她和渔民半夜出海捕鱼……她干了不下 *20* 种工作,挣了不少钱,我一分也不要,让她去非洲、欧洲旅行,长见识。

有一回她去外省,丢了钱包,没钱买车票回家,居然摆卦摊,打出中国麻衣相法的招牌,挣够了路费回了家(中国朋友可别效仿)。

女儿今年 *28* 岁了,长得不丑,是医生,还是医院的负责人,衣着朴素,不施脂粉,也不戴首饰,更不文眉隆鼻什么的,尚不忙结婚,工作挺起劲儿。

她常指着我对她的朋友们说:"这个老头子真教给我不少生活的本领。"

女儿看了这篇文章,笑了。

禅师的育才之道

◇常作印

有一位信徒在佛殿礼佛后,信步到花园散步,碰巧看到园头(负责园艺的僧人)正埋首整理花草。只见他或一把剪刀在手,此起彼落,将枝叶剪去;或将花草连根拔起,移植另一盆中;或对一些枯枝浇水施肥,给予特别照顾。信徒不解地问道:"禅师,您为什么将好的枝叶剪去,给枯枝浇水施肥,并将植物从这一盆搬到另一盆中呢?没有植物的土地,何必锄来锄去?有必要这么麻烦吗?"

园头答道:"照顾花草,就像教育子弟一样,人要怎么教育,花草也要如何培养。"

信徒听后,不以为然道:"花草树木怎能和人相比呢?"

园头头也不抬地说道:"照顾花草,讲求4点。第一,对于那些看似繁茂,却生长错乱、不合规矩的花,一定要去其枝蔓,摘其杂叶,免得它们浪费养分,这样它们将来才能发育良好。这与收敛年轻人的气焰,去其恶习,使其步入正轨一样。第二,将花连根拔起植入另一盆中,目的是使植物离开贫瘠,接触沃壤。这就犹如使年轻人离开不良环境,到另外的地方接触良师益友,求取更高的学问一般。第三,特别浇灌枯枝,是因为那些植物的枯枝看似已死,其实内中却蕴有无限生机。不要以为不良子弟都是不可救药的,要知道人性本善,只要悉心爱护,照顾得法,终能使其重生。第四,松动旷土,实因泥土中更有种子等待发芽。这就有如那些贫苦而有心向上的学生,如果助其一臂之力,那么就会使他们有新机苗壮成长!"

信徒听后非常欣喜地说道:"禅师,谢谢您给我上了一课育才之道!"

第三章

奉献是教师的天职

大师传道

◇张 港

陆宗达曾拜国学大师黄侃为师。见了陆宗达,黄侃一个字也没给他讲,只给他一本没有标点的《说文解字》,说:"点上标点,点完见我。"陆宗达依教而行。再见老师时,黄侃翻了翻那卷了边的书,说:"再买一本,重新点上。"就将书扔到了书堆上。又一次见老师时,陆宗达送上点点画画已经不成样子的《说文解字》。黄侃点点头,说:"再去买一本。"3个月后,陆宗达又将一本翻得很烂的《说文解字》拿来,说:"老师,是不是还要再点一本,我已经准备好了。"

黄侃说:"已经标点了3次《说文解字》,你已经烂熟在心,这文字之学你已得了大半,不用再点了。以后你做学问也用不着总翻这书了。"说完,黄侃又将那书扔上书堆,这才给陆宗达讲起了学问的事。

后来,陆宗达终于成为我国现代训诂学界的泰斗。他回忆自己的学习历程时说:"就是因为当年翻烂了3本《说文解字》,从此做起学问来,轻松得如庖丁解牛。"

黄侃大师虽是逝于病榻,却极为壮烈。弥留之时,他说不得话,手却指向架上一书。学生们将书拿来,他翻到一页,手一点,人即逝去了。送走老师之后,学生们想起那书,大家翻开一看,顿时觉得雷电之光激荡天地:前几日学生们争论的一个问题,老师没能作答。原来,老师最后手之所指,正是答案所在。

柔和的力量

◇毕淑敏

记得早年学医时，一天课上先生问道："大家想想，用酒精消毒的时候，什么浓度为好?"学生齐声回答："当然是越高越好啦!"先生说："错了。太高浓度的酒精，会使细菌的外壁在极短的时间内凝固，形成一道屏障，后续的酒精就再也杀不进去了，细菌在壁垒后面依然活着。最有效的浓度，是把酒精的浓度调得柔和些，润物细无声地渗透进去，效果才佳。"

于是，我第一次明白了，柔和有时比风暴更有力量。柔和是一种品质与风格，它不是丧失原则，而是一种更高境界的坚守，一种不曾剑拔弩张、依旧扼守尊严的艺术。

我们的声音柔和了，就能更容易地渗透到辽远的空间;我们的目光柔和了，就能更轻灵地卷起心扉的窗纱;我们的面庞柔和了，就能更流畅地传达温暖的诚意;我们的身体柔和了，就能更准确地表明与人平等的信念。

权利不是一切

◇邓笛/译

一天，儿子放学回到家，说他终于有击败我的法宝了。他说，他在学校学习了《儿童权利法》! 通过学习，他知道:

他的房间不一定得由他打扫;他的头发并不是非剪不可;他不一定要吃我让他吃的东西;他有说话的自由;他有选择读什么书看什么电视的自由;

他可以戴耳环：只要他愿意，他还可以文身或者在鼻子上打孔呢。如果我打他的屁股，他可以起诉我，所以，别碰他，因为他的身体只归他一个人所有，也不是用来让我们拥抱或者亲吻的。我不能像他外婆对待我一样对他进行说教——这叫精神控制，也是非法的！他有这些权利，受法律保护。以后，如果我再侵犯他的权利，他会打电话给少儿服务部投诉我！

儿子有法律意识是一件好事。但是，我想让他知道生活中不只有法律，一个人也不能只有权利。

第二天，我们去商场采购。尽管他百般恳求，我仍是没有给他买他喜欢的耐克鞋和耐克衬衫。我当着他的面向少儿服务部咨询我这样做是否合法，少儿服务部明确答复：他们并不关心我给他买的鞋子是杂牌的还是名牌的。接着，我取消了带他到驾校学车的计划，并拒绝给他买冰淇淋和比萨饼。我说，等一等吧，晚饭有猪肝和洋葱，因为这些都是我喜欢吃的东西，到时他可以和我一起吃。

我说，不但如此，我还要将他房间里的电视机卖掉，用这些钱给我的汽车买几个新的轮胎；对了，我还要将他的房间包括他的床出租，因为少儿服务部只要求我让他有住的地方和满足温饱所需的衣服及食物。另外，我今后可以不给他零用钱，这些钱省下来可以给我自己买些东西呢。我可以不给他讲故事，甚至不和他讲话，因为我也有我的权利！

于是，我突然不说话了，直到我看到他不小心摔了一跤。"妈妈，我疼……"他伏在地上说。

"怎么想起妈妈了？你可以向少儿服务部撒娇呀！"我扑哧一声笑了。

拔除心中的杂草

◇佚　名

斯恩德有3个孩子，他要求大儿子克莱尔、二儿子卡尔夫和小女儿凯妮每天都去菜园里拔除杂草。尽管3个孩子非常不愿意，但都知道父亲的脾气，于是每天放学后，乖乖地去菜园拔草。刚开始，他们会互相埋怨。慢慢地，孩子们不但学会了拔草，而且不再抱怨，他们还学会了忍耐。

菜园里的蔬菜因拔除了杂草而长得郁郁葱葱，而孩子们也都爱上了拔草的工作。直到有一天，克莱尔宣布，他以后不能去菜园拔草了，因为他要去州立大学读书。临走时，克莱尔说："真舍不得啊，这么漂亮的一片菜地。"于是，菜园里只剩下卡尔夫和凯妮。过了不久，卡尔夫宣布，他也要去远方读大学，不能去菜园拔草了。最后轮到了凯妮，凯妮走的时候恋恋不舍地问父亲："以后，菜园里的杂草由谁来拔呢？"父亲说："不用着急，我有除草剂呢。"凯妮不解地对父亲说："您既然有除草剂，怎么还要我们兄妹几个花费时间去拔草呢？"

斯恩德舒心地笑了："现在你们兄妹3人都上了大学，不能忘了这拔草的功劳。拔草时，你们学会了忍耐，学会了宽容。要知道，心中的杂草靠除草剂可不行，那要靠自己动手才能拔除！"

自由和约束不可分

◇李　静

一棵刚栽下的小树，被束缚在木桩上，它感到很不自在，气愤地指责木桩说："老东西，你为什么要绑住我，剥夺我的自由？"

木桩亲切地说："小兄弟，你刚开始自立，弄不好是会栽倒的，我是在帮助你扎稳根基，增强抵御风的能力，扶持你茁壮正直地成长，让你成为有用之材呀！"

"鬼话！"小树心里骂道，"我才不信你这些骗人的鬼话呢，没有你我同样能扎稳根，不用你扶持我同样能茁壮正直地成长，你等着瞧吧！"

于是，小树凭借风力，故意找别扭，天天和木桩磨来磨去。直到有一天，它终于把绳索挣断了,它感到非常得意,整天随着风东摇西摆地起舞,把根部的泥土晃松动了。一天夜里,一阵急风骤雨把它连根拔了起来。

第二天一早,岿然不动的木桩望着倒在地上的小树叹道:"你现在感到彻底自由了吧!"

"不!"小树难过地说,"我现在感到需要约束,可惜已经有点迟了!"

最好的老师

◇邓笛/译

惠特森先生是我上六年级时自然科学课的老师。在给我们上的第一堂课上,他介绍了一种"长翼飞猫"的动物,说这种动物夜间活动,适应能力很差,早在冰河时代就全部灭绝了。他一边讲解,一边给我们展示一个头盖骨。我们认认真真地做着笔记。

接着,惠特森先生对我们进行了一次小测验。两天后,我拿到批改过的卷子时,立即就傻了眼:一个大大的红叉自上而下触及每一道题的答案,我考了一个零分。这绝对弄错了!每道题惠特森先生课上都讲过,我几乎一字不差地做了笔记,我的答案与笔记没有什么两样。同时我发现,班上所有的同学与我一样,都得了一个"大鸭蛋"。这到底是怎么回事?很简单,惠特森先生说,所谓的"长翼飞猫"完全是他杜撰出来的,根本没有这种动物。所以,我们笔记本上记的全都是子虚乌有的东西,这样的笔记当然也就不足为凭了。

无须说,我们大家都很气愤。这是什么考试?这是什么老师?

我们应该有所察觉,惠特森先生说,因为那节课上他向我们展示"长翼飞猫"的头盖骨(实际上是普通猫的头盖骨)时,他反复强调,这种动物早已灭绝,而且遗迹全无。但是,他却绘声绘色地向我们讲述了这种"长翼飞猫"是如何如何目光如炬,飞姿似鹰,皮毛若裘,他还说出了很多很多的数据。既然遗迹全无,他是怎么知道的呢? 又怎么会有一副头盖骨的呢? 我们没有一个人质疑。因此,惠特森先生说,盲目相信是我们得"大鸭蛋"的原因,既然错在我们,他就要把我们的这次成绩如实登记到成绩簿上去。他真的这样做了。

惠特森先生说,他希望这次经历能对我们有所启发。老师和课本也有可能犯错,事实上,每个人都有可能犯错。我们的头脑不能总是被动地接受知识,更要去思考问题、分析问题;如果有疑问,应该主动地提出来。

惠特森先生的每一节课都生动有趣,同时也常常需要我们自己去"探险"。有一天他告诉我们,他的汽车是一个活着的有机体,这当然是无稽之谈。他给我们两天时间对他进行反驳,必须观点清楚,让他心服口服。结果我们不但搞清了什么是有机体,而且也锻炼了坚持真理需要的毅力。

迄今,惠特森先生的课还对我有着很大的影响,那就是,无论什么情况下,我都会用自己的大脑分析是非。

当然并不是每个人都赞同惠特森先生的做法,但我认为惠特森先生是我遇到的最好的老师。

诚实的一面最美丽

这个纷繁复杂的世界,既是美丽的也是丑陋的。在以经济为导航的社会中,为了获得利润,得到金钱,许多人发明了各种各样的骗局,编造了各种各样的谎言。人们对这些已经不再陌生,甚至已经见怪不怪、习以为常了。

当然,也不是没有人在呼唤"诚实",当很多人在痛心疾首地怒斥一些人弄虚作假、道德败坏、品质低下,并哀叹和感慨世风日下的同时,却仍在心底对学校——人们心目中的这片净土保留着一丝希望。

然而,很多事实却只能让他们伤心到底。

上公开课之前,一些老师在许多班级不断地演习,把所有的内容告诉学生,把每个问题的答案都做出来,并指定让某位学生回答,而且还要求提问时,所有的学生都必须举手。

某些学校刚开完了"诚实守信,做文明学生"的主题班会,校长接着便说:"同学们,明天教育局要来检查工作,如果人家问我们'音乐、美术、劳技课上没上'时,我们可要为了学校的利益,说'都上'啊!"

某些学校因乱收费而被举报,学校就安排老师反复做学生的思想工作,教学生作伪证,证明那不是乱收费,是自愿交的。

上级坚决杜绝乱订复习资料,杜绝乱收费,可某些学校用尽千方百计从学生身上捞油水,却美其名曰"我们是为了学生好"!

某些教师自己写不出论文,便剪刀加糨糊拼凑一篇,或者上网抄袭。

一些教师参加各级各类的考试,抄资料、看小抄,考场上丑态百出,对学生却说:"老师没时间复习。"

……

所有这些大家并不陌生的事实都在说明一个问题:我们的一些学校已经不再是一片纯净的土地,我们的教育者在教学生如何欺骗、如何撒谎!

这是多么可悲又可怕的事实!

学校是教书育人的地方,从某一个方面来说,育人比教书更重要。如果连学校都教学生弄虚作假,连教师都带头欺骗,那么,学校的尊严何在?教师的人格何存?

许寿强老师是马鞍山市二中的老师,在教育战线上奋斗了35年。在马鞍山市,很少有人不知道许寿强老师的大名的。他工作一丝不苟,非常严谨。无论在学生中还是在教育界的同行中,他都是一个德高望重的人。

许寿强已经年过六旬,退休在家。许老师的老伴体弱多病,不仅患有气喘病,还有严重的风湿病,只有不停地吃药,才不至于浑身关节疼痛。因为子女们都在外地工作,照顾老伴的任务就落在了许老师的身上。好在许老师身体硬朗,加上退休后有丰厚的退休金,照顾一个常年吃药的老伴,倒是也不用子女们替他们操心。

一天,一个治疗风湿病药品的代理商找到了他。因为许老师在马鞍山德高望重,并且桃李满天下,很受人们的尊重,所以他们想请许老师做他们药品的宣传员。

许老师想,要真是好药,帮他们宣传宣传也算是在做一件好事,于是就答应了。随后,按照许老师的要求,代理商丢下1个疗程的药品,让许老师的老伴先吃着试试看。有效果的话,许老师就答应来做这个宣传员。

一个疗程过后,老伴说比她经常吃的那些药效果要好一些。加上代理商的催促,许老师便同意做药品的宣传员。

于是,代理商又一次来到许老师的家,并赠送了很多药品。在代理商的安排下,许老师的老伴谈了吃药之后的一些感受,许老师也说了说自己对这种药的看法——这一切都被代理商用摄像机记录了下来。他们对许老师说,只要把这段录像做一些简单的剪辑后在电视台播放,就可以起到宣传效果了。临走的时候,代理商还留下5000块钱,以表示对许老师的答谢。

可是,当许老师在电视上看到这段宣传片时,却怎么也坐不住了。原来,电视上的宣传与当初拍摄时的实情大不相同,许老师说的话也全都改成了配音。最不能让许老师接受的是:

电视上,许老师大谈药物的神奇功效,并感谢这神奇的药物彻底地治好了老伴的病。

……

许老师看着这个画面,几乎感到了一种窒息。这怎么可能呢?这是完全不应该出现的,因为自己当时是实话实说,绝对没有这样吹嘘!

许老师盯着电视,目光渐渐变得愤怒,脸色也转为铁青。很明显,代理商在这次宣传中弄虚作假!

许老师决定,对于代理商的这种做法,他绝对不会坐视不管的!

几天后,许老师找到那个代理商,要他撤销广告的播出。

尽管退休了,在许老师看来,自己依然还是个老师,教师的行为是来不得半点虚伪的。一个不诚实的人往往就是个道德低下的人,一个行为上有污点的老师是不会得到社会尊重的!

最终,许老师退还了代理商给他的报酬,并在报纸上坦白了事实的真相。当时,很多人称赞了他的诚实举动,说许老师有真正的教师风范!

可能代理商不知道,许老师凡事都会"较个真",和许老师相处多年的同事对此多有感触。

有一年,学校要在高三年级设立一个复读班。为了扩大影响,广招生源,学校对外进行了一些必要的宣传。为此,学校还印制了宣传单。

这天,许老师拿着一份宣传单找到校长。

"校长你看,这儿印错了,去年我所带的班级本科录取率不是100%,而是93.33%。"许老师对校长说。

"你班里的42个学生不都考上了吗?"校长说道。

"不是的,我们班里本来是45个学生。"

"这个我知道。"校长打断许老师的话说,"有一个是因病休学,另外两个是随父母工作调动转学了。班里实际学生数就是42个。"

"不对,我们班学生的基数应该是45个,42除以45应该是0.933。"许老师据理力争。

最后,在许老师的要求下,校长不得不把近一千份宣传资料中的100%改成93.33%。在许老师看来,在100%与93.33%之间,折射的是自己对社会的一份诚信。

在教育岗位上,许老师不仅自己做到诚实待人,更把对学生的诚实教育落到实处。许老师常用班会把诚信的话题引入真实的情境中,通过观看有关诚信的音像资料,让学生对诚信有新的认识。在许老师诚信教育的课堂上,不仅有理论,有实例,还有学生的亲身感受。

毫无疑问,许老师之所以被人们普遍尊重,那是因为他对世界有一颗诚实的心。

所谓诚实,就是忠诚老实、信奉真理、不讲假话,反对投机取巧、趋炎附势、吹拍奉迎、见风使舵、争功诿过、弄虚作假、口是心非。

诚实的人能忠实于事物的本来面目,不歪曲、不篡改事实,同时也不隐瞒自己的真实思想,光明磊落,言语真切,处事实在。

诚实,这是一个人立足社会的基础,是一个人最重要的道德品质,也是一个社会赖以生存和发展的基石。

　　而身为一名教师，诚实更是你必须具备的品德，因为，坐在你面前的是国家的栋梁、是民族的未来，是你必须倾尽全力去培育的无邪生命！

　　生命不可能从谎言中开出灿烂的鲜花，国家和民族也不可能在一群狡猾和道德沦丧的骗子手中强大。身为教师，你绝不能让生命在你手中枯萎，让国家和民族在你手中破败！

　　在上面的案例中，许老师诚实地向公众坦白广告的伪造行为的做法，在马鞍山市传为美谈。许老师不但没有因此失去往日的信誉和名声，而且受到了社会广泛的肯定和好评。

　　许老师不仅用诚信保持了自己的清白和良知，同时也给了代理商一次深刻的教训，做人不能急功近利，经商更要诚实无欺！

　　高尔基说过："走正直诚实的生活道路，定会有一个问心无愧的归宿。"

　　没有哪位教师希望自己的学生是个虚伪狡猾的人。我们都希望自己的学生能堂堂正正地走在一条阳光大路上，做个诚实正直的人。

　　而品德高尚的学生必须要在德行正派、光明磊落的教导下才能产生。遗憾的是，极个别教师在这一方面做得似乎还很不够。

　　曾有这样一个真实的故事。

　　一位24岁的获得了政治学学士和商业金融管理硕士学位的美国女孩，抛弃了她在美国收入丰厚的工作，毅然来到中国，做了一名英语教师。

　　然而，这片陌生的、带着她美好的憧憬和理想的土地却让她意想不到地感到伤心和失望。

　　一次考试，她看到的是很多学生在作弊，他们为这次考试做了很多"准备"——纸条小抄、桌上的记号以及她大概永远也搞不懂的手势。

　　她和另外两位外籍教师愤怒了。她们一起找到了系里，讲述了学生们作弊的情况，并且要求重新考试，可是系主任只是决定给予全体学生降分20分的惩罚。

　　当这位外籍女教师再次登上讲台时，她对自己的职责似乎有了更深的理解。

　　她放下了手中的讲义，因为那里的内容已经不再重要。她要给学生

上一堂与众不同的课,告诉他们更加重要的东西:

"我知道分数对于学生的重要性,知道你们需要一个高分去获得更好的工作,但我不明白,如果你们没有真正的才识,如何去维系这种生活……

我亲爱的同学们,20 年、10 年或许更短的时间以后,我,一名外籍教师所讲的知识或许都会成为流水从你们的记忆中流走。我不会遗憾,但我希望,真心地希望,到那时,你们还会记得有一位异国老师曾怎样地请求你们做一个诚实的人!

作为一名教师,我没有想到我的学生们会用作弊这种手段来欺骗我,来欺骗你们自己、你们的学业。作弊对我来说从来都是一种耻辱,尤其当我来到异国成为一名教师时,我宁愿我的学生从我的课上只学到诚实。所以,凭我的心,我请求我的学生再也不要作弊,再也不要欺骗。"

当这位 24 岁的外籍女教师面向 76 位中国大学生跪下她的左腿时,整个课堂一片静寂,虚空一样的静寂。

她的一个膝盖抵着地,嘴唇仍在颤动着,轻轻地而又重重地说了一句:"The most important thing is to be honest!"(最重要的事情是诚实!)

是的,对一个人来讲,最重要的品质莫过于诚实!

康德说过,"由于说了一个谎,一个人抛弃了甚至可以说彻底毁掉了做人的尊严。"

尊严,必须要用一个人的诚实来做基础。一切物质和表面上的拥有都是暂时的,甚至是虚幻的,而没有尊严的人最后将一无所有。

一个非常有名的教授被聘为波士顿大学传播系主任。上课时,他给学生讲了一段非常精彩的话,刚说完就下课了。

课后,一名学生找到校长,说:"这段话我在一本杂志上见过,教授没有说明这段话的来源。"校长找到教授核实,教授当即提出辞职。尽管他不是不想说这段话的出处,而是因为铃声响了,来不及说。

最后,在其他老师的挽留之下,学校免去了这位教授的系主任职务。第二天一上课,这位教授做的第一件事就是向学生们道歉。

诚实是我们做人的一条基本准则,是我们前进道路上的通行证。我们所做的每一件事都要用诚实与正直做基础,否则,我们的心灵将永远不会安宁,也不会享受到自我肯定的喜悦。而一名教师一旦没有了诚实,还怎么得到学生的尊重?还怎么维护自己的尊严呢?因此,身为一名教师的你,还怎么能再用虚伪和谎言来欺骗自己、教育学生呢?

教师通常都是学生心目中的偶像,学生总是喜欢时时刻刻地观察并模仿教师的行为。因此,教师若想让学生成为诚实正直的人,自己就必须做到待人诚恳,不说假话,不夸大成绩,也不掩饰错误,从而成为学生心目中真正的榜样。

诚实,是中华民族的传统美德,是现代道德观念的深层内涵。

诚实,是现代社会中创造信用社会、富民强国的基础,是中华民族在新时期竞争与发展的必要条件。

诚实,更是道德教育和素质教育的重要内容,是做人之本、兴业之本、立国之本。诚实教育势在必行,而要搞好这项活动,学校、教师和一切教育工作者须先诚实起来,培养堪为学生楷模的言行一致、表里如一的诚实人格!

静以修身,俭以养德

勤俭是中华民族的传统美德,历来为国人所提倡。小时候,我们经常会唱一首熟悉的歌:"勤俭是咱们的传家宝,社会主义建设离不了,离不了,不管是一针线,还是那一粒米……"

勤俭节约的观念在潜移默化的影响之中,已经深深地印在了我们这辈人的脑子里。但是,让人遗憾的是,这种勤俭节约的优良传统却很少被这个时代的孩子继承下来,他们变得虚荣、奢华、爱攀比,不拿钱当钱,只知道肆意挥霍……

曾看到过这样一则报道:广东省某一中学的食堂搞得不错,但很多中学生却到校外的餐馆就餐。当记者问他们为什么这样做时,他们居然回答:"多花点钱不要紧,到餐馆吃饭不用自己洗碗。"

这是一个简单的答案,却同时也是一个令人触目惊心的答案,让整个社会为之哗然!

于是,越来越多的人加入了批评的行列,批评这代孩子极度缺乏勤俭意识,不懂得节约的重要性,恐怕将来无法担负起国家和民族兴旺的重任。

然而,当我们在口沫横飞地肆意指责他们时,可曾真正反省过我们自身的责任?要知道,教育在孩子成长过程中是一个不容忽视的重要环节,教师更是除了父母以外最应该为孩子们的品行负责的人。

孩子的勤俭意识差,原因是多方面的,有社会的、家庭的,也有学校的。身为一名教师,我们更应该义不容辞地担负起这份责任,一味地责怪孩子,既不公平,也毫无用处!

要培养学生们勤俭节约的美德,不是一两次枯燥乏味的德育课程、一两本简单空洞的德育课本就可以达到的,其中起着关键作用的正是教师们本身的人格力量,是教师们那以身作则、率先垂范的光辉形象。

著名教育家叶圣陶曾经说过,"教育工作者的全部工作就是为人师表,为人师表者首先必须有高尚的人格作保证。教师,作为神圣而光荣的职业,肩负着培养祖国未来的重任,理应以自己的高尚人格去塑造自己的学生和自己本身。"

教师就像一面旗帜,树立在学生面前。教师的一言一行,都具有鲜明的示范性,会对学生起着潜移默化的作用,特别是一些低年级的学生,他们的思想就像一张白纸,可塑性很强,模仿性也强,会以你的一切行为规范为准则。

也许,你会说,"我挺有节俭意识的啊!"这句话当然是真诚的、正确的。但是,"有意识"并不一定代表你就能够真正将勤俭的美德落实到生活中的每一点、每一滴,而良好的习惯和高尚的品格往往是从非常生活化的小事上养成的。

勤俭不仅是一种物质上的节约,一种执著和追求构筑的精神支柱,更是一种人生的智能、做人的态度。教师的责任,就是要通过自己的一言一行、一举一动,把勤俭这种品质内化为学生们认同的价值取向,从而让他们受益终身。

陈玉清老师,1989 年 7 月毕业于安徽师范大学历史系,毕业后在盛桥中学任教,一直担任高中历史课的教学。近 20 年来,陈老师送走了一批批学生,自己也成长为一名优秀教师,她目前是盛桥中学唯一一名享受国务院特殊津贴的教师、安徽省优秀教师。陈老师在教育战线上之所以能取得这样的成绩,与她的努力和人品是分不开的。

陈玉清老师出身贫寒,贫苦的家境造就了她能吃苦的精神。如果是初次见到陈老师,你怎么也不会把她与一位知名教师联系到一起。衣着朴素、身材娇小、话语平实,是陈老师给人的第一印象。陈老师也没有什么特殊爱好,生活简单得甚至有点枯燥,但她总是默默承受。她总认为简单朴素的生活,既能锻炼人的品格,更能磨炼人的意志。

在生活上,陈老师很节俭,她常挂在嘴边的一句话是:"节俭是美德,浪费是最大的犯罪。"

多年来,陈老师每天粗茶淡饭,维持着生活的最低标准。她从未穿过时髦衣服,哪怕是青春浪漫的少女时代,也很少见她穿新衣服。虽然就那么两三套衣服,但是勤快的陈老师总是把它们洗得很干净,让你每次见到她都感觉很舒服。

按理说陈老师的工资也不算低,但她的手机已经用了 6 年了,这与社会上频繁换手机的现象形成了鲜明的对比。在陈老师看来,手机仅仅是一种通讯工具,最基本的也就是打电话和发短信,其他的什么彩屏啊,铃声啊,照相啊等这些功能对陈老师来说都是次要的。

到市场买菜,她专买最便宜的,篮子里提回来的都是些简单的蔬菜和一般水果;喝完一杯牛奶,杯子上的残汁要用开水冲了再喝上一遍。陈老师的家,一室一厅里只有一张床和一张桌子,唯一的家用电器是一台 20 世纪 80年代的黑白电视机,就连墙上的镜子都是破了后用胶带粘在一起的。

陈老师在为学生上课的过程中,总是不断地强调勤俭节约的观念,并组织学生们参加了很多培养节俭习惯的活动,取得了很好的效果。

有一次,她在上课时,随手把断掉的粉笔头扔到了垃圾箱里。过了几天,她再上课时,突然发现粉笔盒里的短粉笔都不见了,再往垃圾箱里一看,那些粉笔全在里面。这时,她恍然大悟,是自己的行为影响了学生们的判断力。

于是,她赶快采取补救措施:一方面,向学生们承认自己的错误;另一方面,和学生们讲道理——东西虽小,但也有自己的价值,我们不能随便把它浪费掉。

从这以后,陈老师非常注重自己的言行举止,以免给学生们造成负面影响,让他们觉得东西来得容易而不知道去珍惜。

这件事可以说是一件极不起眼的小事,可是,小事之中反映大思想,一个粉笔头的丢弃与否就足以体现一个教师的人格魅力、一个教师的节俭品质。

她对自己节俭,但对学生、对社会却毫不吝啬。她每月都会自己拿出一些钱为班级里订报纸、杂志。在为 5·12 汶川大地震捐款时,她拿出了 5000 块钱,是盛桥中学个人捐款最多的老师。

最让人钦佩的是,她还亲自教上大学的儿子缝补衣服。这对一个现代家庭来说,是一件多么不可思议的事情啊!现在,就是对于一个农民家庭的子女来说,别说是亲自缝补旧衣服了,每年购买或订做新衣服,所花费的金钱也是令人咋舌的!

陈老师不仅传授文化,更向现代青年传承勤俭节约的美德,并不断用这种伟大的人格力量影响着一届又一届的学生。

虽然家庭是孩子最早接受教育的场所,但是我们仍然不能忽略自己身为人师的榜样作用。不论什么时代,教师的头上都顶着神圣的光环,面对这个光环,孩子们会自觉不自觉地重视老师的教育甚于父母的教导,模仿老师的言行甚于父母的身教。

1995 年 7 月 28 日的《中国青年报》上,一篇题目为《一个母亲的抗争》的文章中有这样一段话,"一个孩子,从小崇拜爸爸妈妈。一上学就开始崇拜老师,不再崇拜家长。原因一个是老师知识多了,更重要的是,孩子从人格上不再崇拜父母,因为父母说话总不算数,或者家长自己说的,却经常做不到。"

这一段话说得是比较中肯的。因此,当教师们在面对一群心智尚待成熟的学生时,首先要做到的,就是时时处处起示范带头作用,将理性消费、尊重劳动、勤俭节约的种子深埋在学生们的心中。

一个合格的人需要具备许多美好的品质,勤俭即是其中极其重要的一种。要想让学生们具备这种品质,教师就需要对他们从小培养、从小处培养。

陈老师的诸多节俭行为,并非是由于家中一贫如洗,也不是有意苛待自己,而是从自身做起,给学生一个节俭的示范,以此培养出学生勤劳节俭的美德和艰苦自立的品格,让他们养成节约用钱、计划开支的好习惯。

这个案例更多地体现出了为人师者以身作则的教育方式。身为教师,相信我们不难看出其中真正的教育精髓——言传身教!

试想一下,如果一个教师在教育自己的学生一定要懂得勤俭节约的时候,自己却大吃大喝、穿着时尚光鲜,那会产生什么样的效果呢? 只会激起"民愤"——学生们无法从心底真正接受节俭的观念。而陈老师以身作则的作风才是真正重要的教育力量!

《西部商报》报道,一位60多岁的老教师,为了教会学生节约,将学生扔进垃圾桶里的饼子捡起来当着全班80多名同学的面吃了,这让学生的心灵受到了强烈震撼。事情是这样的:

当天早晨,同学们正在上自习时,班主任张老师像往常一样走进教室,突然发现教室门口的垃圾桶里扔了半个用塑料袋包着的饼子。他立即将饼子捡起来问道:"这是谁扔的? 你们没经历过困难日子,不知道粮食的可贵。"当张老师的问话没人回答后,张老师做出了一个让全班同学震惊的举动,他说:"你们没人承认那我就吃了。"然后,张老师就要将饼子放进口中。就在这时,扔饼子的同学站出来,冲上讲台阻止老师。最后,在张老师的提议下,他和那位同学还是当着全班同学的面一人一半将饼子吃了。

随后,张老师让班里的同学将自己对这件事的感受写出来。一些同学在写感受时低声哭泣,他们大多以"震撼""沉重""影响一生"来形容自己对这件事的感受。

有人问张老师,做这种让人惊讶的举动是为了什么。张老师说:"这对我来说没什么,我只想通过自己的这种做法教育学生学会节俭。这个学生当时就认错了,只要他认识到错误就行了。这件事对他们还是很有影响的,我想他们以后不会再浪费粮食了。"

那么,我们做到了吗?我们要求学生要勤俭,那当你丢了一个粉笔头时,你是否马上就捡起来了呢?我们教导学生要节约,那当你遇到不可口的食物时,是否会将其丢掉?要知道,教师的一言一行都会对学生的成长有着不可磨灭的影响!

伦敦有一所著名的贵族中学,叫伊顿公学。伊顿公学不仅对学生的要求很严格,对教师们的要求也十分严格。教师与学生的住宿条件都一样简单,只有大间的集体宿舍,全部师生基本上过着一种军营式的生活。

但就是这所"地狱式"的中学,却是英国皇家王公贵族子弟学习的地方。500多年来,英国的许多首相、大臣、将军和科学家都毕业于这里。

为什么?究其根本原因,就是因为这里的教师能够以身示范,让学生们真正感受到了教师的人格力量和节俭品德,所以,他们能够真正从心里学起来、做起来,并让自己终生受益。

一名真正合格的教师,就应该时时处处注意自己的言行举止,用自身的人格魅力去感染学生,让他们在不知不觉中"抄袭"你的勤俭,"模仿"你的节约!

面对一群未成年的学生,教师们一定要明白,你的勤俭教育绝不能操之过急,要懂得循序渐进,要在潜移默化中影响他们。否则,只会让他们产生抵触情绪,拒绝接受你的教导。

学生们在某种情感和知识的支配下,会接受和认同某种行为或思想,并把这种行为和思想内化为自己的思想与行为。所以,我们要教导学生学会节约,最有效的方法就是让他们处在具体的情境中,通过亲身活动和情感体验后,最终明白和接受。

比如,全班学生跟着老师学做玩具,有的学生勤于动手动脑,而有些孩子却懒于动手,玩的时候又不知道爱惜,经常弄坏玩具。老师可以先让他看着别人玩,然后再给他讲道理,他就会明白"只有动手,才能创造欢乐;只有珍惜,欢乐才会长久"。

勤俭节约,是人生的成功积累和生命的可贵成熟。有了这种品质,一个人无论贫寒还是富有,面对坎坷还是顺境,都会保持清醒的头脑,把握人生的航线。所谓贫贱不移、富贵不淫、不卑不亢、不骄不躁,皆由此而孕,由此而生。

从这个意义上来说,勤俭永远不会过时。一名教师的责任,就是把勤俭这种中华民族传统的美德,在学生们的眼中升华为一种现代人必备的理念和行为习惯!

一诺千金的无价

"君子一言,驷马难追。"

"去食去兵,不可去信。"

"以信接人,天下信之;不以信接人,妻子疑之。"

"凡出言,信为先,诈与妄,奚可焉。"

……

所有这些人们耳熟能详的名句,都在告诉我们这样一个道理——人一定要守信!

守信,是我国几千年的传统美德。这不仅是数不尽的格言警句在教育着人们要守信,而且还流传着很多下至平民百姓,上至君主的关于守信或失信的故事,如曾子杀猪,以信教子;商鞅立木,树信于民;周天子烽火戏诸侯,失信亡身,等等。

守信是全民族、乃至全人类都赞扬和坚守的美德,这是每个学生都要懂得的,更是每个教师都要严格执行的——教师在教书育人的过程中一定要注意"言出必践"。

可是,在当今的教育环境中,在当今的一些教师群体中,言而无信、出尔反尔的现象却极其严重——教师的决定总是轻轻松松;教师的承诺总是随随便便;教师的食言总是反反复复;教师的理由总是林林总总……

而这样言而无信的教师是难以得到学生的理解和尊重的!没有人会相信一个不守信用的教师的人格,学生更是如此!

学生也是一个独立的人,尽管他这时只是一个学生,也许还没有足够的力量来反抗教师的"食言"。但是,他会以他自己的方式来做出反应,长此以往,他会对教师说过的话、提出的要求、许下的诺言无动于衷,甚至对教师的为人嗤之以鼻!

所以,为了防止在教育中因为你无法实现自己许下的诺言而出现教育的失控,你一定要注意不要轻易对学生许诺,更不要许下自己根本无法实践的诺言,以免让学生看低了你的人格。

而你一旦许诺,就应该言出必践,坚决履行——

学生违背了既定的规章,不管学生如何纠缠,你都应该按事先讲好的惩罚措施执行;

学生达到了预定的行为目标,你一定要兑现预先许下的奖项,不能临时反悔。

如果你答应了学生一件事,那么无论是一件多么小的事,还是一件多么荒唐、不可能完成的事,都要尽力去完成,不能疏忽,不能搪塞。

要知道,一个小小的承诺的兑现,其中往往蕴涵着伟大的人格魅力!

1998 年 11 月 9 日,美国犹他州土尔市的一位小学校长——42 岁的路克,在雪地爬行 1.6 公里,历时 3 个小时去上班,受到过路人和全校师生的热烈欢迎。

原来,为激励全校师生的读书热情,在学期初,路克曾公开打赌:"如果你们在 11 月 9 日前读书 15 万页,我在 9 日那天将爬行上班。"

为了一睹路克校长的"狼狈样",全校师生猛劲读书,连校办幼稚园的孩子也参加了这一活动。在大家"齐心协力"的努力下,全校师生终于在 11 月 9 日前读完了 15 万页书。

有的学生打电话给校长："你爬不爬？说话算不算数？"

也有人劝他："你已达到激励学生读书的目的，不要爬了。"

可路克坚定地说："一诺千金，我一定要爬着上班。"

9日那天，路克于早晨7点离开家门，四肢着地爬行上班。为了安全和不影响交通，他不在公路上爬，而是在路边的草地上爬。

于是，那天也成了这个小镇和这个学校的节日。过往汽车鸣笛致敬，新闻记者忙前忙后，有的学生索性和校长一起爬行。

路克磨破了5副手套，护膝也磨破了，但他终于到达了学校，全校师生夹道欢迎自己心爱的校长。当路克从地上站起来时，孩子们蜂拥而上抱他、吻他……

"人无信不立，市无信不兴，国无信不强"，诚信已经成为一个人做人做事的基本准则，成为国家强盛、文明的重要标志。

"言必信，行必果，"这句体现了中华民族传统美德的至理名言，是由一批批的读圣人之书、育栋梁之才的教育者们传授给一代代接班人的。

作为今天的教育工作者，你在教给学生什么是诚信的时候，是否自己也坚持做到了呢？

富兰克林曾经说过："失足，你可能马上重新站立；失信，你也许永远难以挽回。"

如果教师失信于一个学生，可能从此这个学生便不再信任他所说的任何话，甚至包括他讲的知识。

如果教师失信于全班学生，那么他就永远也不能带领出一个优秀的集体，因为这个集体已经没有了灵魂人物——一个可以让人信赖的教师。

同样，路克校长如果不能遵守诺言，那么他和学生打赌的这件事便没有任何意义。它只是一个欺骗、一个谎言。

即使达到了激励学生阅读的目的，也只能到此为止了。如果以后再有任何的类似事件，都将不会再起到任何作用，因为学生从此将不屑于和这样没有信用的人再打任何赌。

有人以为路克校长和学生打赌只是为了激发他们的兴趣，达到让他们阅读的目的,学生的阅读行为不是从意识到阅读的好处和重要性而出发的,仅仅是为了看校长爬而已,这是相当不可取的办法,而至于实践诺言,真的爬到学校去,那就更没有必要了。

对于不熟悉学生心理的人而言,他可以这样认为;而真正熟悉学生心理的人都知道,路克校长的方法实在是个非常妙的主意。

从学生的角度来讲,什么人生、事业、远大的目标、渊博的知识,这些都是一些相对比较虚幻的名词,而参与到全校师生大阅读行动,拼尽全力读到 15 万页,再看到校长遵守诺言,像婴儿一样爬到学校,也许这才是实实在在的快乐!

既然校长是真心希望学生能大量阅读,学生也是认认真真地完成了校长的任务,那么校长就应该实现诺言。学生要的就是承诺的结果,学生们努力的目标就是为了赢得和校长的一场打赌,既然如此,路克校长还有什么理由不爬呢?

要知道,校长对诺言的履行,才是学生眼中最重大的意义啊!

无独有偶,路克校长这样一诺千金的故事,在美国加州也曾经发生过,可见美国的教育者为了孩子的成长,真是费尽了脑筋啊!

美国加州的一个小学校长宣布,如果全校 650 名小学生能在 4 个月内读完 7000 册图书,他就在圣诞节当众亲吻一只小猪,此言一出,顿时激起了学生们疯狂的读书热潮。

家长们看着那些平时玩到天黑都不归家的淘气包忽然变成了勤奋好学、埋头读书的小书迷,都感到大惑不解。

学生们每天抱着书本,一直猛啃到圣诞节前,终于按时读完了 7000 册图书。

而这位童心十足的校长也没有食言。他从隔壁大学的畜牧系借来一只小胖猪,请全校学生围在自己身旁,很隆重地举行了一个当众亲吻小猪的仪式。

当孩子们的鼓掌声、喝彩声、哄笑声、口哨声和那只不情愿被吻的小猪发出的尖叫挣扎声混杂在一起时,可想而知,当时的场面是多么热闹和有趣!

就这样,没有"师道尊严",没有沉闷的说教,一切都充满了幽默的童真和喜悦,学生们就在这种欢乐的氛围中每人至少读了 *10* 本课外书,不但提高了自己阅读、写作的能力和兴趣,而且,诚信的种子也被校长的诚信行为深深地埋在了他们小小的心灵中。

这样快乐的学生们是让人羡慕的,因为他们不仅拥有一位愿意想尽各种办法来激发学生求知欲望的校长,而且他们还拥有一位用自身行为来教导他们什么叫诚实守信的校长。

教育呼唤诚信,学校需要净土,树立诚信意识是社会发展的必然趋势,而这就要求教师必须身体力行、率先垂范,成为学生们学习诚信的楷模和榜样。

在实施素质教育的今天,学生的诚信素质作为基本道德素质的重要组成部分尤为重要。但是,当前学生不讲诚信的现象却仍然不少,例如,考试作弊,抄袭作业,伪造、掺水毕业求职简历,恶意违约,恶意拖欠、逃交学费等。

学生的无诚信从一个侧面反映了我们很多教育工作者严重的信用缺失的现象:

有的学校领导喜欢吹嘘,工作报喜不报忧;

有些教师在日常的教育教学中,只注意到对学生进行诚信思想的教育,教育学生讲信誉,不虚伪,却忽略了自己的为人处世和言语举止是否已经有失诚实守信的风范;

有些教师信口开河、言而无信,给学生留下了十分糟糕的印象。

"教育者先受教育"。学校开展诚信教育活动,应首先从教师抓起。教师首先应努力加强自身的道德修养,自重、自省、自警、自励,从自我做起、从点滴做起、从细微处入手。

1. 从以身作则开始

要求学生在两分钟预备铃时,不讲废话,把上课的学习用品准备好,但有些教师自己却总是不能准时进教室;

要求学生认真做好室内操和眼保健操,但有些教师自己却早已经离开了教室;

要求学生遵守学校的作息制度,但有些教师却无视作息制度的约束;

严禁学生吸烟,可有些教师却公然在学校有禁烟标志的公共场所吞云吐雾。

教师自己都没有严格遵守学校的规章制度,又有何理由去要求学生遵守规章制度呢? 因此,要求学生做到的,教师首先要做到;要求学生不做的,教师应坚决不做,这是教师守信的基本立足点。

2. 要从小事做起

学生往往是从教师的一言一行中受到思想品德的陶冶的。

在教师职务培训的时候,我们经常可以看到一幕幕令人痛心的场景,迟到、早退、睡觉、聊天、看报、看杂志,甚至有的老师签个到就走了。对照如此散漫的行为,再想起在课堂教学中他们对学生的严格要求,难道那些教师不感到脸红吗?

3. 要在工作中表现敬业精神

有些教师没有认真备好课就进教室,在教学过程中碰到学生的疑难问题总会答应下次解决,可是下了课就忘到脑后,这样的承诺不仅是对学生的无信用,也是对工作的不尊重。

4. 更要体现出一种职业道德

有些教师在课堂教学中存心保留一些内容不讲,而放在补课时作为收取不义之财的资本;或在批改作业和试卷中不一视同仁,对自己教的班级另眼相待,以显示出比其他教师教学水平高;或是在进行公开课和研究课教学时弄虚作假。

5. 树立良好的道德形象

自觉接受群众和学生的监督,用良好的道德形象取信于人,带动学生树立起"诚信"的形象。

一言九鼎,一诺千金。请千万不要认为学生还是孩子,就觉得没有必要对他遵守自己许下的诺言,小心他会以同样的方式来回敬你的无信。

如果你不希望如此,那么就请你一定要记住自己对学生作出的承诺,奖励也好,惩罚也罢,不管多么微不足道或者多么超出你的承受能力,你都要尽量照办。否则,你身为教师的威严将在学生心目中一扫而光,学生对你、对整个社会都会产生一种不信任感。

身为教师,一定要在诚信教育中起到表率的作用,通过自身的行动、人格来影响、感染、带动学生。这样,"诚信"教育才会深入人心,硕果累累!

智慧在于承认无知

才华横溢、学富五车、满腹经纶,这一向都是教师留给人们的典型印象!

而在学生们的心目中,教师也的确是知识和智慧的化身,他们的知识犹如奔涌不息的河流,总让人感到取之不竭、用之不尽,让学生们无限向往!

从上学的第一天起,学生们的心中便会升起一股对老师由衷的敬佩和仰慕之情,因为在他们幼小的心灵中,老师就是无所不知的人,是能解答所有为什么的人,是最有权利评判是非对错的人。

面对求知若渴的孩子们,面对个性各异的学生们,面对不同角度的问题,教师们似乎总是拥有着标准、正确的答案,并用他们的知识滋润着学生们的成长,充实着学生们的头脑,增强他们认识世界的力量。

每个学生都渴望能碰上一位知识渊博、思想深邃的教师;而每一个教师也都在尽量地充实自己,以期传授给学生更加丰富的知识,在学生心中留下一个学识渊博的印象。

然而,现实中的教师并不是万事通晓的先知圣人,更不是能够解决一切困难的神仙。大多数的教师通常也只是一个平凡而普通的人,也有很多茫然不解的问题,也要面对很多解不开的未知数。

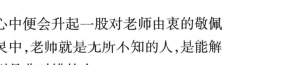

于是,当教师在面对一个不懂的问题和学生那一张渴望得到答案的脸时,敢不敢承认不懂或不会,就成了一个艰难的选择!

不承认吗?或找借口搪塞,或是胡乱解释一番?毫无疑问,这样做肯定是不道德的、虚伪的,甚至是无耻的!

那么承认吗?然后看到孩子一脸的失望,自己一脸的尴尬?

很多时候,对很多教师来说,这确实是一个艰难的抉择!

尽管几千年前的时候,孔子就已经告诉了广大的教育工作者:"知之为知之,不知为不知,是知也!"可是,当面子和师尊的问题摆在眼前时,很多教师都感到这并不容易做到。因此,教师敢于承认不懂不会,便成为了一种超越平凡的勇气,一种为人称颂的美德,一种高于他人的品格。

我国古代著名的大思想家、教育家孔子,虽然学识渊博,但从不自满。

孔子东游的时候,曾遇到两个小孩子在争论不休,孔子便上前询问他俩为何事争执。

一个小孩儿说:"我认为太阳刚刚升出来的时候离人近,而太阳运行到中午时就离人远了。"

另一个小孩儿则说:"太阳刚升起时离人远,而太阳运行到中午时离人近。"

一个小孩儿说:"太阳刚出来时像车的伞盖一样大,到了中午时就如同盘子一般小了,这不是远的小而近的大吗?"

另一个小孩儿说:"太阳刚出来时,天气清清凉凉的,到了中午的时候热得如同把手伸进热水中,这不是近的就感觉热,而远的就觉得凉吗?"

孔子不能判断谁是谁非,便老老实实地承认了自己不会。

两个小孩儿笑着说:"谁说你知识丰富的?"

还有一次,在孔子周游列国时去晋国的路上,他遇见一个7岁的孩子拦路,要他回答两个问题才能让路。

其一是:鹅的叫声为什么大?

孔子答道:"鹅的脖子长,所以叫声大。"

孩子说:"青蛙的脖子很短,为什么叫声也很大呢?"

孔子无言以对,便虚心地承认了自己不会。然后,他感叹地对学生说:"我不如他,他可以做我的教师啊!"

韩愈在《师说》中有一句名言:"师不必贤于弟子,弟子不必不如师,闻道有先后,术业有专攻,如是而已。"

当然,前提是教师必须能放下架子,承认不懂,并不耻下问。

孔子以好学著称,对于各种知识都表现出浓厚的兴趣,因此,他的多才多艺、知识渊博,在当时是出了名的,几乎被当成无所不知的圣人。但他自己不这样认为,孔子曰:"圣则吾不能,我学不厌而教不倦也。"

孔子学无常师,谁有知识,谁那里有他所不知道的东西,他就拜谁为师,因此,他有一句著名的学习名言:三人行,必有我师焉。

向谁都可以学习,谁都可以成为自己的教师,这就是孔子的诚实与好学。上面的两个小故事淋漓尽致地体现了这一点!

也许有的教师会说,让我在学生面前说"我不会""我不懂",会不会降低了我身为教师的威信? 那就让我们来看看孔子的"虚心"为他带来了什么吧——

当那个拦路的7岁小孩提出了他无法解答的问题时,孔子不仅承认自己不会,还对弟子说:"我不如他,他可以做我的教师啊!"这就让后人更加敬佩和赞扬了,因为这正是我们追求的虚怀若谷、谦虚诚恳的高尚人格。

事实上,任何一位教师在浩如烟海的知识面前,尤其在当今知识爆炸的时代,不可能全会、全懂。教师敢于承认不会,并向学生请教,是一种值得嘉许的实事求是、诚实谦虚的人格表现。

这样做,不仅丝毫降低不了教师的威信,反而还会大大缩短学生与教师之间的距离,使学生感到教师更诚恳、更亲切,并会把对教师的这种亲近之情转移到学习上,学好教师所教的课程。

学生提的问题教师不曾接触过,教师应该高兴,因为这说明学生的知识扩展了;学生问住了教师,教师更应该高兴,因为这说明学生学会了捕捉信息的本领。

一个装作无所不知、无所不懂的教师,学生是不会欢迎的。教师敢于承认自己也有不懂不会的,不仅是一种美德,更是教育工作者在平凡的教学实践中熏陶、感染、塑造学生们诚实人格的机会。

在一个偏僻地区的一所中学,由于英语教师短缺的缘故,决定让一位生物教师代上一个班的英语课。

第一次上课时,这位教师是这样做开场白的:"我不是教英语的,由于英语教师不足,学校决定由我兼代英语。我一边学,一边教,教到哪里,你们学到哪里。没有教的你们不要问,因为我还没有学。教过的,大家可以问,如果我不会,大家一起讨论、研究。"

课后,同学们都纷纷议论起来:

"咱们这个英语教师真是平易近人,一点架子也没有。"

"我还从来没有听过教师还有不会的呢,这个英语教师可真实在。"

几句淳朴真实的话,让这个英语教师一开始就贴近了学生,同学们都感到他很亲切实在。

一学期结束后,这个班的英语期末考试成绩名列全年级倒数第一。

在英语课总评前,同学们又悄声议论,并且都已做好准备接受教师的严厉批评。

可他们没想到,上课后,英语教师却带着既温和又严肃的面容说:"这学期我们班的英语考试成绩不好,原因主要出在我的身上。过去的就让它过去吧。下学期我好好学,努力教,同学们积极配合,争取我们的成绩有所提高。"

这位教师的几句实在话,再次打消了同学们的紧张心理,并赢得了许多同学的敬佩,使他们都把对英语教师的崇敬之情,全部倾注在了对英语的学习上。

这位英语教师代了这个班整整三年的英语课,毕业时,他们的英语成绩在全年级名列第一。

可见,教师的知识并不是决定学生学习的唯一因素,教师的好学和谦虚态度才是影响和激发学生学习热情的动力。

伟大的哲学家苏格拉底常常爱说这样两句话:

"自己一无所知。""智能在于承认自己无知。"

这两句话无疑都充满了无穷的智慧,因为人只有承认自己的无知,才能促使自己学习更多的知识。

人无完人,伟人也有缺点,教师当然更不是万能的。

为了培养学生诚实、正直的健全人格,教师本身必须要有务实求真的精神。这样不但不会降低自己的威信,反而会使学生从中感受到教师的谦虚品格。

爱因斯坦曾经在他的《获奖致辞》中说:"用一个大圆圈代表我学到的知识,但是圆圈之外是那么多的空白,对我来说就意味着未知。而且圆圈越大,它的圆周就越长,它与外界空白的接触面也就越大。我的问题也就越多,因此,我感到不懂的地方还大得很呢!"

既然连爱因斯坦这样的大科学家都愿意承认自己不懂的还很多,那么我们这些普通教师又有什么不可以坦然面对的呢?

数学史上著名的数学家欧拉,在数论、几何学、天文数学、微积分等好几个数学的分支领域中都取得了出色的成就。不过,这个大数学家在孩提时代却被学校除了名。

当时,小欧拉在一个教会学校里读书。

有一次,他向教师提问:"老师,天上有多少颗星星?"

教师是个神学的信徒,他不知道天上究竟有多少颗星,圣经上也没有回答过。可他却不愿承认自己的无知,反而不懂装懂地回答欧拉说:"天上有多少颗星星,这无关紧要,你只要知道天上的星星是上帝镶嵌上去的就够了。"

欧拉感到很奇怪,继续问道:"天那么大,那么高,地上没有扶梯,上帝是怎么把星星一颗一颗镶嵌到天幕上的呢?既然上帝亲自把它们一颗一颗地放在天幕上,那他为什么忘记了星星的数目呢?上帝会不会太粗心了呢?"

教师又一次被问住了,涨红了脸,不知如何回答才好,心中顿时升起一股怒气:一个才上学的孩子竟然向自己问出了这样的问题,使自己下不了台,而且还敢责怪上帝为什么没有记住星星的数目,这实在是让人忍无可忍!

在欧拉生活的年代,对上帝是绝对不能怀疑的,人们只能做思想的奴隶,绝对不允许自由思考。而小欧拉没有与教会、与上帝、与教师"保持一致",那么,等待他的就只能是被逐出学校的命运。

教会的教师对于小欧拉提出的问题不能坦诚以对,而是不懂装懂、不以为然。结果,小欧拉不仅没有得到问题的真正答案,而且还彻底地不相信上帝了。

在小欧拉的心目中,上帝神圣的光环已经消失了。他想,上帝是个窝囊废,他怎么连天上星星的数目也记不住? 他又想,上帝是个独裁者,连提出问题都成了罪。他又想,上帝也许是个别人编造出来的家伙,根本就不存在。

作为一名教会的教师,他不仅要教会学生知识,而且还要让学生更加信奉上帝。可是,最后他却在小欧拉身上得到了这样的教育结果,不能不说是非常失败的,也许这就是对他不懂装懂的惩罚吧!

教师不懂并非是什么错误,被学生问倒也不算丢脸的事。这样的事情在如今的课堂上是非常常见的。如果教师只是一味地端起架子不懂装懂,就会误人子弟,扼杀学生的创新意识,还有被学生识破导致形象大损的可能。

而实事求是地承认自己也有不懂的地方,虚心地与学生一起探讨,既能体现教师博大的胸怀、谦虚的人格,又能激发学生的学习活力。

请做个谦虚诚实的教师吧,勇敢地承认自己也有不懂和不会的地方,以虚怀若谷的心态来面对知识和学生,以谦虚严谨的高尚人格感染和熏陶学生吧!

你仍然是个好学生

教师的人格魅力不仅仅来自得体的穿着、脱俗的谈吐、娴雅的举止、美好的姿态,更是内在气质的自然流露——教师是人类美好精神的使者、是善良的化身!

苏霍姆林斯基说过:"只有心地善良的人才能易于接受道德的熏陶。谁要是没有受到过善良的教育,没有感受过与人为善的那种欢乐,谁就不能感觉到自己是真实而美好的事物的坚强勇敢的卫士,他就不可能成为集体的志同道合者。"

教师,应该是一个真诚善良的人,一个富有爱心和奉献精神的人,一个让学生感到可亲、可爱的人。善良的教师不仅是学生的良师,而且是慈爱的长者,更是学生的知心朋友。

善良的教师,能够在平等的基础上善待每一个学生,不会因为学生学习成绩的好坏与家庭背景的不同高看或歧视某些学生。

善良的教师能够以博大的胸怀包容性格不同、兴趣爱好各有差异的所有学生。在他们心里,教好每一个学生就是自己的天职,他们对学生充满了信任和宽容。

善良的教师,不仅关注学生的学习成绩,也关心学生的思想品德和行为习惯,更把学生的喜怒哀乐放在心间。他们是学生成长道路上的真正指导者和引路人。

善良的教师能够感召学生,并且带动学生善良地对待身边的每一个人。

潘勇,从1980年9月至今,已经在南宁市十四中学任教20多年,一直是一位深受学生和家长尊敬的老师。她本着认真负责的精神、善良爱人的胸怀,在长期的工作实践中,潜心研究、探索出一套行之有效的教师工作方法。

每接管一届新生,她总要对全班每一个学生的基本情况进行深入、全面的了解,了解学生在小学阶段的学习情况和表现,父母的职业及其特长和表现,还利用课余时间了解学生的性格如何,有何特长,哪个喜欢打球,哪个喜欢田径,哪个喜欢文学,哪个喜欢唱歌跳舞等等。

她用极大的爱心和无比的善良鼓励着学生的进步、包容着学生的错误,一个个顽劣不堪的学生在她的教育下都成长为国家的栋梁。

在潘勇的班里,曾经有一个在所有人眼里都已是"不可救药"的学生。早在初一时,他就经常迟到、早退或是逃学,并且上课时总是乱起哄,惹得任课老师和同学们都对他很厌烦。

更让人不能容忍的是,他在学校里还经常偷窃公共财物,情节十分严重并且屡教不改,家长对他都失去了信心,学校也认为应该把他送去少管所。

当学校的校长与潘勇交涉这件事情时,潘勇想:如果把他送到少管所,的确是给自己减轻了很多工作上的负担和麻烦,但是,这样做的后果会给12岁孩子的心灵带来怎样的创伤呢?

想到自己辛苦教导的学生就要被关进铁窗,一辈子就这样毁了,潘勇心如刀绞般难受。最终,她鼓足勇气向校长要求,把这个学生留下来交给她,并且再三向校长保证,她能够教育好这个孩子。

校长虽然用疑惑的目光看着潘勇。但是,面对她善良、诚恳的眼神,最后还是勉强同意了。

潘勇把这个学生带到家里,拿出水果招待他,深情地对他说:"孩子,你犯的错误是很严重的,许多人都说你无药可救了……"

刚开始,这个学生只是露出一副玩世不恭的样子,并不认真聆听潘老师对自己的教导,他甚至都不愿抬头看一眼潘老师。

对此,潘勇不以为然,她仍是不厌其烦地接着说道:"老师认为你仍然是个好学生,还可以教育好,因为你是一个懂事的孩子,是一个愿听老师话的学生。你犯了错,这个责任首先应该由我来承担,因为我以前对你关心不够,爱护不够……"

学生听了潘勇的一席话,感动得热泪盈眶:"不,潘老师,这一切都是我的错,这不能怪您。我犯了错误,爸爸打我,别人骂我,很多同学都对我冷眼相看,唯有您安慰我、关心我,如果我再不珍惜这次机会,改正错误,重新做人,就对不起您啊!"

潘勇见状趁热打铁,向他提出了几条他能做到的基本要求,鼓励他好学上进,并召集班干部开会,请来他的家长,一起研究制订教育他的办法和措施,号召全班同学亲近他、帮助他。

终于，功夫不负有心人，藏在学生心灵深处的冰川逐渐被融化了，一颗将要泯灭的童心又重新燃起了希望，他彻底改掉了恶习，严守校规校纪，勤奋学习，还常常带头做好事。

如今，这个当年差点踏进少管所的学生，已经成为一名杰出的公安战士了。

潘勇也因为自己对学生无比的耐心和爱心，多次受到了国家教委的一致好评，先后12次获得市先进工作者、优秀教师、优秀班主任、全国教育系统劳模等荣誉称号。

曾经有一位哲学家问他的学生们："世界上最可爱的东西是什么？"

学生听了，争先恐后地各抒己见。最后一个学生回答道："世界上最可爱的东西是善良。"

那位哲学家说："的确，你所说的'善良'包含了他们所有的答案。因为善良的人，对于自己，他能够自安自足；对于别人，他则是一个良好的伴侣，更是一个和蔼可亲的朋友。"

教师作为人类知识的传承者，作为人类美好生活的塑造者，就必须具有高尚的品格——善良。因为，善良不仅是一个教师自身人格魅力的重要展示，同时也是教师永不能丢失的精神财富。

有些人认为，教育的最大目的在于把学生送入大学，这种想法显然是极端不正确的。作为一名优秀的教师，我们应当把教育的目标定位于将学生引向善良——让所有的学生都成为对这个社会最有用的善良的人。

一位善良的教师，善于用慧眼及时捕捉学生的闪光点，并加以强化，给予赞赏。

潘勇老师能够用善良的心态去对待被所有人称为"坏孩子"的学生，使他能够认识到自己的错误，并且加以改正，从而使"坏孩子"有了一个光明的前途。

如果是你遇到这种情况，会怎么做呢？

也许，有的教师会告诉学生：你已经不适合待在学校了；有的教师会愤怒地谩骂学生；有的教师会对学生说：你是一个"坏孩子"；有的教师更会说:他是小偷,就应该送到少管所……

每当看到学生有不良的行为出现时,一些教师就会本能地从"恶"的角度去评判学生,站在教育者的高度去俯视这一切,同时把自己置于道德的裁判者和规劝者的角度去审视这些学生,带着刻板、冷漠与偏见去教育学生,从而把这些学生都看成了"坏孩子"。

而事实上,当我们从"恶"的角度去思考问题时,我们就已经不自觉地站到了学生的对立面。只有当我们对学生所犯的错误从"善"的角度去思考问题时,就像潘勇老师对学生那样,我们才会很自然地把学生放在自己的同一面。

教育不等同于教训,教师的关注必须是正面的、善良的,这其中包含了对学生的耐心倾听,对学生所犯错误的充分理解,对学生进步的热忱期待。面对教师这样的关注,学生会欣然接纳,真正把我们当做他们的亲人和朋友。

只有这个时候,教师善良、慈爱的人格魅力才会真正体现出来,我们的自身形象也会得到真正意义的提升,然后就会像磁石一样吸引着学生,使每一个学生无时无刻不渴望黏在我们的身边。

假如你仔细倾听学生对教师的议论,你就会发现,学生之所以对教师念念不忘,并非因为教师的教学水平是如何的高超,而是因为教师对学生发自内心的善意和关爱。

教师的善良,就是以尊重、理解、信任为强大的精神力量,去熏陶、感染每一位学生,从而使不严厉的教师彻底地征服了所有的学生。

每一位教师都应该施展自己的人格魅力,以善良诱导学生,给学生以自我反省、自我选择、自我进步的时间与空间,让他们以善良为纽带感染身边的每一个人。

作为一位人类灵魂的工程师就应该具有善良的品格。要知道,人的品格是人类自我社会层次的定位。衡量一个人是高尚的,还是卑鄙的,首先不是看他的出身门第,更不是看他的财富多少,而是看这个人本身是否具有善良的品格。

教师具有的善良的人格魅力,对学生的影响是深远而巨大的,其价值也是无法估量的。教师在潜移默化之中树人育人，会使学生们在教师人格魅力的感召下，铸造出自身完美的灵魂、健全的人格，为国家、为人民、为社会奉献出自己有意义、有价值、有魅力的人生！

那么，作为一名教师，如何才能施展自己善良的人格魅力呢？

第一，多跟学生接触，并相互沟通，在学生遇到困难时，善意地帮助他们尽快脱离困境。

第二，当学生取得某些方面的成功时，给予学生善意的表扬，会使学生更加奋力拼搏。

第三，对每一个学生都以善良的心对待。教师以善良的人格为诱导，学生才愿接近，才肯讲出心里话。

第四，身体力行，以身作则。只有教师自己做到了对别人善良，学生才会受其影响，才会善良地对待每一个人。

可敬的教师们，请努力修炼自己人格中善良的那一面吧，它不仅是你的人格魅力的展示，同时也是你赢得学生的尊重和喜爱的源泉！

勇敢地面对自己的错误

"金无足赤，人无完人。""人非圣贤，孰能无过？"

每个人都会犯错，教师也不例外！

教师只是师者、长者，而不是圣人、神仙，面对一群正处于成长中的孩子，面对他们那脆弱叛逆的心灵，面对不断变化着的教学信息，尽管教师认真对待，尽管教师小心翼翼，尽管教师态度严谨，仍会不可避免地出现一些意想不到的失误，犯一些防不胜防的过错——

在衣着打扮上，教师可能会衣冠不整洁、指甲不剪、头发过长、口头禅过多等；

在面对学生的错误时，教师可能会态度粗暴，不分青红皂白地造成

"冤假错案";

在处理学生之间的矛盾时,教师可能会弄不清事情原委,错怪某些学生;

在课堂教学中,教师可能会算错了题,读错了字,做错了实验……

在漫长的教师生涯中,每一位教师都可能会犯下不同程度的错误,但这并不是最重要的,重要的是教师对待自己错误的态度!

几乎所有的教师都会教育自己的学生,犯了错误,就要勇于承认,不要为自己寻找各种借口,谁都会犯错误,关键是要能面对错误,改正错误。

可是,当这些错误真正轮到我们亲自来面对时,却有很多教师不愿意在学生面前坦然承认。尤其是在学生受到曲解、误解时,或错误地批评了学生时,更不愿意直接、正面地向学生承认错误,唯恐在学生面前没了尊严,失了威信,损了面子。

而结果却正好相反,教师文过饰非,抱着"师道尊严"不放时,只会拉大师生间的心理距离,使教师威信扫地,使学生从心底放弃对教师的信任、对错误的认识。

其实,"不隐恶""不虚饰"才是教师纠正错误、挽回影响的真正苦口良药。同时,这也是一种无言的人格力量,能够直接折射进学生们的心灵,甚至影响他们一生一世。

承认错误需要多么大的勇气?勇于认错又需要一种多么高尚的品格来支撑?

我国著名科学家钱学森先生,年轻时曾在美国加州理工学院攻读航空博士学位。他的导师是空气动力学教授特奥多尔·冯·卡门,被人们尊称为"超音速时代之父",在科学界威望显赫,可谓享誉世界。

一次,钱学森研究的一项成果,突破了卡门教授对相关科技的一项结论。他在向卡门教授汇报自己的研究结论时,卡门教授一时间无法接受,十分生气地大声说道:"你讲错了!"

钱学森深知自己老师的性格,当时并未予以争辩,回到实验室后,他又反复仔细地检验自己的研究结论,发现没有任何误差,再一次证实了自己得出的结论是可靠的,他心中感到了踏实,决定明天再找老师讨论一下。

可令钱学森没有想到的是,第二天一早,不待他自己去找老师,卡门教授就已经亲自来到了学生宿舍。

他找到钱学森以后,先是向钱学森深深地鞠了一躬,然后充满歉意而又诚恳地说:"昨天你汇报的结论是正确的,我的看法是错误的,这是我经过整夜思索得出的结论。"

卡门教授这种严于律己,向学生当众承认错误的做法,感动得钱学森热泪盈眶,在场的其他学生也都深受感动。大家更加尊敬德高望重的卡门教授了,许多学生还由此确立一个信条:吾爱师,吾更爱真理。

钱学森对于这一信条和卡门教授勇于认错的行为铭记于心。此后数十年,他每忆及此心中都深感温暖,每讲及此感情都难以抑制。而且,他也坚决地追随着卡门教授那高尚的人格,实践着这一信条。

1964 年,时任中国科学院力学研究所所长的钱学森,接到了一封远在新疆兵团农学院的一位年轻人郝天护写来的信,他指出钱学森新近发表的一篇关于土动力学的论文中一个方程的推导有误。

此时已是力学权威的钱学森在收到了这位素不相识的青年写来的"纠错"信后,既没有大发雷霆,也没有置之不理,反而亲笔给这位青年回了一封信,承认了自己的粗心大意。

他在和郝天护探讨了具体的科学问题以后,说:"我很感谢你指出我的错误!也可见你是一位很能钻研的青年,这让我很高兴。科学文章的错误必须及时阐明,以免后面的工作者误用不正确的东西而耽误事。所以我认为你应该把你的意见写成一篇几百字的短文,投到《力学学报》刊登,帮助大家,你以为怎样?"

后来,郝天护写了一篇名为"关于土动力学基本方程的一个问题"的论文,由钱学森推荐,在《力学学报》1966 年九卷 1 期上正式发表。

错误,人人都会犯,但承认错误、改正错误,却不是人人都能做到的,特别是对于我们这些为人师表的教师而言,承认错误似乎就意味着自己的无能和无知,改正错误似乎就代表着要把自己先前树立的良师形象推翻!

这,实在太难了!但,真的很难吗?

是因为你的师道尊严束缚住了你认识错误的思想,使你不想认错?

或是因为你的高高在上牵制住了你高昂的头颅,使它不肯低下?

甚或是因为你那薄薄的教师面子困住了你的勇气,使你不敢面对?

无论原因为何,都只能说明你的虚荣和心胸狭隘,你忘记了你身为教师的神圣责任,忘记了你应以身作则的为师风范。这样做,只会让你的学生越来越看不起你,以致在你和学生之间形成一道道不可逾越的鸿沟。

身教重于言传,无论教师做错什么、说错什么,都要敢于承认、勇于承认。勇于认错的老师,不仅不会损害他在学生心目中的形象,反而更显得高大和完美,学生也才能从教师的勇于改过中学到做人的优良品质,体现出一个教师为人师表的美德。

身为教师,我们平时经常教育学生,要敢于承认错误,有错就要改正,那么,我们自己有没有做到呢?

当你在处理学生之间的矛盾时,发现你错怪了某位学生,你会向他(她)道歉吗?

当你不小心碰翻了学生的铅笔盒时,你会说声"对不起"吗?

这样的事情可能有很多,但是身为教师的你是否能真正为学生树立起榜样呢?这是我们应该思考的。

钱学森的导师卡门教授和钱学森本人,无疑为他们的学生和我们所有人树立了一个良好的榜样——敢于认错,勇于改正!

而我们有的教师却由于根深蒂固地信奉着"师道尊严",所以总想在学生面前表现出"圣人""完人"的形象。自己出了差错不敢承认,或扭捏作态、或装腔作势,甚至于有的教师当学生指出他的缺点时,他不但不承认错误,还要反过来训斥学生。

他们错误地认为,只有这样才能保住教师的威信和尊严。殊不知,这样做只会导致学生更多的轻视和不屑,因为他们会从心里认为,像这样缺乏勇气、缺乏诚实品德的教师是不值得他们尊重的,教师的形象从而在无形中打了大大的折扣。

教师正确的做法应该是,只要有错就要勇于承认,并如实地向学生解释清楚。这样做并不丢人,反而能缩短师生间的心理距离,消除学生的自卑心理,有利于培养学生实事求是、勇于承担责任的优良品质,帮助他们树立正确的人生观,从而真正树立起教师的良好形象。

刘强是一名普通的小学老师。一次下课时,他刚走出办公室,就看见班里的一个孩子在走廊上拔足狂奔。他非常生气,心想:强调了那么多遍"不能在走廊上奔跑",你们竟然都不放在心上? 要是撞了人或摔倒了怎么办?

于是,他叫住学生,劈头就是一顿狠狠的斥责,学生听着老师严厉的批评,虽然不辩解,却也没有立刻认错,只是别开头去,一声不吭,这让刘强更为恼火,坚决让学生交上一份"检查书"来。

接下来的一节课不是刘强的课,他坐在办公室里批改作业时,突然回想起那个"犯错误"的学生当时倔强的眼神和眼底隐隐闪现的泪光,心中有一丝不安。

下课后,刘强又找到了那个学生,想问问他究竟是怎么回事。谁知他还是紧闭着嘴,不肯吐露一个字。

刘强只好找来在场的其他同学问当时的情况。结果,学生们告诉老师,那个学生是因为看见班里的一位同学不小心被椅子夹破了手,鲜血直流,才急得跑来办公室想帮同学拿创可贴的。

刘强听了以后,深感愧疚,这是一个多么善良的孩子啊,发自内心地关心受伤的同学,而自己却误解了他,该怎么办呢?

刘强心里很矛盾:自己需要正面道歉吗? 我是老师,向学生道歉,他会不会从此轻视我呢? 我讲的话他还会听吗? 可是,我一直教育学生错了没关系,要勇于认错、改错,可我自己错了,就不这样做,不是矛盾吗?

最终,刘强选择当着许多学生的面向那位学生道歉,表示自己不应该没有弄清事情真相便不分青红皂白地批评人,这一点是老师的错,希望他能够原谅。

学生一听,眼泪一下子就掉了下来,这才开口说道:"刘老师,其实我也有错,不管怎样,我也不该在走廊上跑得那么快,要是撞了人就危险了。只是当时我心里着急,就没想到这些。对不起!"

刘强看着他,心里涌起一阵自豪,自己的勇于承认错误终于起到了良好的示范作用,小男子汉已经懂事了、长大了!

刘强的做法显然是正确且高明的,类似这种"冤假错案",教师如果不能够及时为学生"平反",学生就会对教师丧失信心,就会对教师的教导漠然置之。而如果教师及时纠正错误,就会有效消除师生间的隔膜和不良情绪,使学生的心与教师贴得更近。

"认错"并不是人人都能做得到,而最要不得的是——"知道错了,还要推卸责任",那才是最不可宽恕的,这同样也是教师的大忌!

现在的中国是从封建社会演变而来的,而现在的学校是从私塾改变而来的,那时的规章制度、对教师的认识,在如今似乎也没有根本性的改变,只是现在不能打学生而已。

有一位教育学专家曾说过这样有意思的话:在今天中国的教室里,坐着的是学生,站着的是先生;而在精神上,这种局面恰恰打了个颠倒——站着的先生占据着至尊之位,而坐着的学生的躯体内,却掩藏着一个战战兢兢地站着,甚至跪着的灵魂。

曾经有人做过这样的比喻:教师和学生就像猫和老鼠。这个比喻从某种程度上来说十分恰当。因为一些教师的确总是爱摆出一副让人感到害怕的"师尊"面孔,不愿意和学生们成为知心朋友,以致很多学生对教师的态度都是敬而远之的。

应该说,这是学生们的悲哀,但同时也是这些教师的悲哀……因为这样的教师是绝对不会向学生主动承认错误的!

而一个永远看不到自身错误的教师,又怎么可能获得学生们发自心底的尊重和爱戴呢?

而一个不能获得学生们的尊重和爱戴的教师,又从何建立起威信和尊严呢?

而一个失去了威信和尊严的教师,又凭什么获得"人民教师"的光荣称号呢?

所以,一个教师要维护自己的威信和尊严,最正确的方法就是学会平等地对待学生,才能进而真正地认识到自身的错误,并勇于向学生承认!

记住,身为一名教师,不要怕犯错误,而要敢于承认并改正错误!

那个口袋绝对不能碰

如今的中国,"自由"一词被人们愈来愈多地提及,特别是*20世纪80年代以后*出生的青少年们,几乎是在一种没有约束的氛围中长大。他们个性狂妄自大,盲目地追求着西方的自由主义精神,却很少思考自由的界限,也不去思考自由的反面是什么,只是一味地追逐!

殊不知,在西方,虽然人们倡导自由精神,包括课堂上的个性化,但事实上,他们对学生的自律要求也是相当严格的。

在国外的幼儿园和小学里,学生们有很多自由选择的权利,但是,他们的课堂往往很安静,学生们喜欢默默地玩玩具、画画,专心致志地做自己的事。但在国内的幼儿园或者小学里,我们却总会看到吵闹不休的学生们。

为什么?除了家庭因素和整个社会的大环境外,学校的教育和教师的教导自然是其中不容忽视的重要一环。

在西方的教育理念中,自由的确体现人的尊严,但是自律同时也是尊严的重要组成部分,学生的自律教育不可偏废!

自律,既是一种良好的品质,又是一种锻炼和培养良好品质的方法和手段。所以,教师对于学生的自律教育绝不能疏忽大意,不仅要注意言传,更要注意身教,注意自己的榜样示范作用。

"教书者,必先强己;育人者,必先律己。"教师如果凡事懒懒散散,学生就会有令不行,有禁不止,缺乏自我约束能力;教师严于律己,要求学生做到的,自己首先做到,学生就会模仿老师,严格要求自己,在无形中强化自身的自律性。

以身立教——每一位教师都应以自身严于律己的品行和人格力量立教！

陶行知是一位既有言教，又有身教的人民教育家，他一贯以身作则，律己甚严。

古人曰："吾日三省吾身"，而陶行知则"每天四问"。

1942 年 7 月，他在重庆育才学校三周年纪念会上提出"四问"的内容，就是每天要反躬自问身体、学校、工作和道德上有没有进步，进步了多少。

他认为，道德是做人的根本，没有道德的人，学问和本领越大，就越会为非作歹、残害人民。他曾大声疾呼，要求全校师生"建筑人格长城"，而他自己则更是用他的实际行动坚决地建筑了不朽的人格长城。

陶行知在创办南京晓庄学校的初期，曾立下一条规定：全校师生员工一律不准喝酒，违者要进自省室反省。

一次，晓庄的农友请陶校长吃饭，农友们敬他一杯酒，陶行知一再解释说不能喝，农友们却坚持道："您不喝就是瞧不起我们农民，瞧不起我们就不算我们的朋友。"

陶行知没办法，只好把酒喝掉了。农民们非常高兴，把陶校长视为自己的朋友。可他们哪里知道，陶行知一返回学校，便立即自行进入自省室反省去了。

在育才学校，还曾流传过一个关于陶行知的两个口袋的故事。

育才学校是陶行知和全校师生赤手空拳办起来的，他发动全校师生走街串巷，向社会各界热心人士募捐，渡过了一个又一个难关。

陶行知在带头外出募捐时，曾宣布过一条纪律：募捐来的钱涓滴归公，在任何情况下，任何人不得借故挪用分文。

他自己是这样说的，也是这样做的。他的上衣缝有两个口袋，一个口袋装公款，一个口袋装私款，无论在什么情况下，他从来都没有动过装公款的那个口袋。

有一次，他到远处去募捐，走访了好多地方，募捐了不少现款，装公款的口袋里装得满满的。可是,他在归途搭车时,却忽然发现他自己放私款的那个口袋里已经一分钱都没有了。

面对塞得满满的公款口袋和空空如也的私款口袋,已经奔波了一天,既疲惫不堪,又饥肠辘辘的陶行知,却仍坚持从十里外步行回校。他当时就有一个坚定的想法,绝不挪用公家一分钱!

当育才学校的师生听到这个消息后,都非常感动,纷纷赶到陶校长的住处慰问,陶行知亲切、意味深长地跟大家讲起韩非子在《喻志》中所说的一个比喻:"千丈之堤,以蝼蚁之穴溃;百尺之室,以突隙之烟焚。"

陶行知就是这样"以教人者教己",在"建筑人格长城"中做到不留一点空隙,从而成为了所有学生严于律己的表率。

一项调查显示,教师子女的自律性极强。他们的家庭环境是相对宽松的,父母对他们也不算是"严管"型的,但是这些孩子大都能自己约束自己,把自己的生活和学习安排得井井有条。

原因何在? 自然是因为他们深受身为教师的父母们的身教影响,才能够自觉做到严于律己。

青少年学生正处于世界观、人生观的形成时期,模仿性强,可塑性大,易受成人和外界环境的影响,而且他们还具有天然的"向师性"。因此,教师严于律己的表率行为,会对学生形成很大的感召力,对学生产生有力的人格激励作用。

教师要清醒地认识到自己不仅在用学识教人,而且更重要的是用自己的品格育人,用严于律己的人格魅力感染和教化学生。

在中国几千年的传统文化中,为师者是最让人尊敬的:一日为师,终身为父。能够成为别人老师的人,在做人上自是应该严于律己的,否则又怎么能够教导好学生呢?

正如陶行知的"自行进入自省室"和"坚决不碰公款口袋"的行为,都在无形中体现出了他严于律己、以身作则的高风亮节。

严于律己的教师,不怨天尤人,而是把苦差事、累活看做是增长自身才干的机会,主动自找苦吃,抢挑重担,与学生同甘共苦。

严于律己的教师,会从观念和行为上进入21世纪,以"知耻而后勇,发愤而成才"作为内驱力,达到"学习之钟常鸣",刻苦钻研业务,与学生一同前进。

严于律己的教师,拥有锐意进取、不甘人后的拼搏精神和吃大苦、耐大劳的顽强意志,从而激发出学生的旺盛生命力。

严于律己的教师,能够做到"见贤思齐",以先进人物为榜样,使自己向他们学习;也能够做到"见不贤而自省",看到别人的缺点错误而扪心自问,以免重蹈覆辙,从而使自己不断进步、完善发展,成为学生们"见贤思齐"的榜样。

严于律己的教师,拥有良好的习惯,并能够自觉地、有意识地帮助学生们去养成良好的行为习惯,促进他们的健康成长。

严于律己的教师,品德高尚、人格伟大。能够帮助学生们培养美德,预防和清除不良习惯对学生的侵蚀和污染,从而培养出他们高尚的品格。

孔子博学而严于律己,《论语》中说:"子绝四:毋意、毋必、毋固、毋我",意思是,孔子不想当然、不武断、不固执、不自以为是。

孔子身为老师,却谦虚地对待学生,他和学生一起讲学时说,不要因为我比你年龄大,就不敢大胆地说话了——他要让学生觉得老师只不过比他们大几岁而已。

我国著名教育家张伯苓,在教育学生时特别注意身体力行的表率作用。

一次,他发现有个学生手指被烟熏黄了,便严肃地劝告那个学生:"烟对身体有害,要戒掉它。"

没想到那个学生不服气,反而有点俏皮地说:"那您吸烟就对身体没有害处吗?"

张伯苓对于学生的责难,歉意地笑了笑,立即让工友将自己所有的吕宋烟全部取来,当众销毁,还折断了自己用了多年的心爱烟袋杆,诚恳地说:"从此以后,我与诸同学共同戒烟。"

果然,打那以后,张伯苓再也不吸烟了。而那位学生在这样的"身教"之下自然也是心悦诚服地戒烟到底。

辽宁优秀教师程绍杰在班主任的工作中,处处做学生的榜样,注重用自己的人格魅力去感染学生:

似火骄阳下的军训活动中,她和学生在一起;

刺骨寒风的体育锻炼中,她和学生在一起;

汗流浃背的艰苦劳动中,她和学生在一起……

有一年,她组织学生到抗日纪念馆参加开馆仪式,当时正直阴雨天气,有的老师已经打起了雨伞,但程绍杰却和学生们一样,站立着一动不动,在绵绵细雨中经受着雨的洗礼。

道德的教化,必须来自教师自身对于道德的遵守和自律,来自教师的言传身教。在中国传统的教育理念中,道德缺失的学者再有学问也不配当教师!

因为教师教书的过程也是影响一个人思想观念形成的过程,如果教师在道德上不能率先垂范、为人师表,有谁放心让他们来教育自己的孩子呢? 因此,教师是我们对其道德要求最高的社会群体之一,我们不是经常说"校园是最后一片净土"吗?

教育人的工作是一项复杂、系统的工程,它不仅仅局限在课堂上、书本里,还渗透于方方面面、时时刻刻。

作为一名教师,你的言谈举止,都会摄入学生的视野,都会给学生的成长带来一定的影响。因此,你必须随时检点自己的行为,严于律己。只有这样,你才无愧为青少年学生的良师益友,才无愧为人民教师这一光荣称号!

有什么样的教师就有什么样的学生,因此,教师在严格要求学生的同时首先要严格要求自己。

教师的严于律己首先表现为自爱,就是要注意自己的良好形象,珍惜自己的名誉,珍爱自己的生命,培养良好的道德心理品质、树立远大的志向,经受住磨难和挫折,自强不息。

教师的严于律己又表现为自省,即自我反省,就是经常地、冷静地回顾自己的思想和行为,并努力寻找克服自己的缺点的途径和方法并改正错误,不断取得进步。

教师的严于律己还表现为自警,就是针对自己的实际情况,选择相关的名言、警句、格言,作为自己的座右铭,提醒自己,警戒自己。

教师的严于律己还表现为自控,即自我控制,就是自己对自己进行监督、引导和催促。人最难战胜的就是自己,克服自己的缺点、惰性是很不容易的。我们常听到有人这样说:"我也知道这样不好,可就是管不住自己。"这就是自控能力不强的表现。身为教师,我们应该努力提高自控能力,不让那些不健康的东西在自己的思想和行为中占上风。

教师的严于律己还表现为自觉,就是在没有别人在场和监督的情况下,也能够严格地要求自己,谨慎地注意自己的思想和言行,实行自我监督,不做不符合道德的事。

教师主导着整个社会下一代的价值取向,关系重大,所以,遵守道德规范、为人师表、严于律己,应该是每一位教师都要固守的人格底线!

清清白白做人

2000多年前,孟子就在他的文章中提出了对为官者的要求:"其非义也,非其道也,一介不以与人,一介不以取诸人。"意思是廉洁、守法,不是自己应该得到的一点都不要。

然而,2000年过去了,廉正之风依旧没有深入"官"心,历朝历代,贪污腐败都是一个让纪检部门头疼不已的问题。

反贪确实是个大问题,是个难题,因为贪风已经愈刮愈厉,从官场吹到了商场,从商场吹到了社会,本是清水衙门的教育部门也被个别人的不洁而污染!

教师不是为官者,本来跟贪污腐败是扯不上多大关系的,可是如今,让人无法否认的是,在我们的教育行业,在我们的某些教师身上,也存在着一定的腐败现象,不可避免地散发出一股浓重的铜臭气。

有的教育主管部门,有的学校,有的教师,雁过拔毛,搭车收费,千方百计从学生那里抠钱,从学生家长那里捞好处、占便宜。有的教师甚至开口要求学生家长办事,伸手向学生家长索要物品。

这些丑恶的现象,无疑是对教师这个高尚职业的亵渎,是对教师名声的败坏!

不可否认,教师的确是清苦的,其他行业动辄年薪十万,甚至几十万,教师却永远不可能。

诚然,教师也是普通人,也有平常心,也想过好日子和追求物质生活的丰富。但是,这些都不能够成为教师以权谋私、以责牟利,成为教育行业和学校乱收费、乱摊派的理由。

教师所从事的行业本身就决定了教师必须要洁身自爱,必须要有一个好的形象和一颗纯净的心灵。

爱国教育家、南开大学创始人张伯苓先生一生清廉如水,刚正不阿。

伯苓先生对巧取豪夺、化公为私者深恶痛绝。对他来说,凡属公款,一分不去浪费;凡属公物,一丝不去妄取。

当时不少私立学校都是赚钱的工具,但南开是赔钱的。维持学校正常运转的那些钱款,主要是靠伯苓先生凄凄惶惶、奔走呼号在国内外募集的。

他去美国募捐,总要带上南开饲养的金鱼,捐款一万美金以上的,送金鱼一尾。他在学校账上支出十尾金鱼,回来补上的,一定是十万以上的美金。

他常说:"一部南开发展史,实乃社会赞助之纪念册也!"伯苓先生一生从国内外为南开募集的款项数以千百万计。

特别是先生在国外募集的款项,多属个人行为,如果他提留若干入私囊,别人不会知道,也不会过问。但他绝不肯,也不屑于这样做,而是分毫不差地存入南开的账户。

南开的账目从来就是公开的,每年的账目都放在图书馆里欢迎大家查询和指教。

很多人就是出于对伯苓先生办学的毅力和他本人纯洁高尚的品德敬佩而慷慨解囊的。直到南开大学出名以后,南开的财务靠得才是南开的声誉。

伯苓先生的人品对国内外的巨大感召力,于此可见一斑。

私立学校的大权都在校长和董事会手中。一些私校的校长在董事会里任人唯亲,甚至把子女、至亲安排到董事会里,视董事会为自己随心所欲的工具。

而伯苓先生领导下的南开校董,却都是社会或学术界的知名人士,没有一个是他的亲属。伯苓先生任考试院长时,曾推荐何廉为南开校长,却并没有推荐他的二弟张彭春。

张彭春,留美博士,任教和从政多年,声望不能算小;张伯苓的长子张锡禄也是留美学生,在各大学执教数学多年,他们完全有资格成为南开校董,但他们始终不是。

伯苓先生喜欢安静,但从不追求舒适和安逸,他深知俭可养廉的道理。

当时他的名气已经很大,但仍居住在西南城角平民区的简陋住宅里,院中只有北房数间。后来,在左侧靠大门的地方,加盖了几间厅房,右侧又盖了两间厢房,勉强凑成一个三合院。

有一年,张学良将军仰慕先生的大名,以少帅的身份,开着汽车,带着随从前去拜访,他们在土路上跑了几趟,也没有找到先生的"校长公寓"。

事后,张学良惊叹说:"偌大大学校长居此陋室,非我始料,令人敬佩!"

伯苓先生一生不蓄私产。他经常说:

"我用不着攒钱。"

"我不能给孩子们留钱,他们钱多了,就不想做事。岂不是害了他们吗?我教他们一些德行,就够他们一生享用不尽的了。"

南开中学成立时,董事会给伯苓先生规定的薪金是每月大洋180元。后来,大学部成立,董事会重新给他定薪。他却说:"中学部已给我定了薪,我不能再加薪了。"

最后,还是由严范孙先生出面,给他强加了大洋100元。可是这笔钱,先生从来没有往家拿过,一直存在学校里,作为替学生作保的赔偿金。

据说,伯苓先生的薪金,在全国大学校长中一直是最低的。

伯苓先生很注意自己的形象,但从不追求奢华,总是衣着整洁,朴素大方。

他终年身着蓝色或灰色布质长衫,只不过是按季节换以单、夹、棉而已。只有贵宾来校或宴客时,才换上西装或绸缎的长袍马褂;若外出办事,他还要按天津人的老习惯,在外面罩上大衣或布衫,怕的是衣服被蹭脏了或刮破了。

先生的嘴边上经常挂着一句玩笑式"名言":"勤梳头,勤洗脸,就是倒霉也不显。"

"七七事变"前,伯苓先生应聘为天津比商电灯电车公司的董事,前后达30年。公司每月给他一笔车马费,先生便把这些钱分给为南开服务多年的老职员。

他说:"他们工资低,责任重,而又忠于职守,家庭困难。我要这钱没用,应该送给他们。"

伯苓先生经常对学生说,他绝不做官,而是要一心办教育。20世纪20年代,政府鉴于伯苓先生的崇高威望,希望他出任教育总长,或天津市长,先生均力辞不就。

在中国,读书、做官、享受富贵尊荣,是许多人孜孜以求的。但伯苓先生大不以为然,他经常告诫学生:"不要爱钱,够用就行了。"

他非常痛恨存在于各处的腐败现象,他对学生的要求是"不腐化,不落伍"。

他还说:"一个人只有到死的时候,才会腐化,活人是不应该腐化的。"实际上,这句话是暗指那些社会上腐化堕落分子,不过是没有人味儿的行尸走肉。

当时与南开同一时代的大学,有历史悠久的北大,有经济充裕的清华,而南开则只是一个私立学校,两者皆无。

但是,南开有一位清廉刚正的校长,他能用极少的钱办很多的事,所以,经费的短缺并不能阻碍先生发展南开的雄心壮志。

在一定意义上说,正是由于伯苓先生"清逸的风度,敏感的观察,永恒不息的热心与毫无污点的人格",终使南开成为名噪寰宇的学府。

师者,传道、授业、解惑也,那么教师究竟"传"的是什么"道"?

我们每天都在教育学生要做个堂堂正正的人,要做个踏踏实实的人,要做个清清白白的人,这个"道",就是"正道",就是"清廉"!

走正道,做真人,求清廉,是每个教师对自己学生的要求和愿望,也是教师本身必须遵守的人生信条!

55年前,张伯苓先生70大寿的时候。著名作家老舍与著名戏剧家曹禺合作了一首很长的献词,说"知道有中国的,便知道有个南开……天下谁人不知,南开有个张校长!"可见在当时,伯苓先生就已经在世界享有盛誉了。

而我们在历数张伯苓先生能成为近代中国教育家楷模的因素时,其巨大的威望、感召力和人格魅力中最重要的一点,就是他毕生不谋官、不图利,大公无私,一介不取,清清白白做人,勤勤恳恳做事,只图南开之发展壮大,图国家之富强昌盛!

贪污和腐化是中国社会的一个通病。伯苓先生认为,产生这种致命之病的根本原因,"首在自私自利。一般人皆假公济私,因私而害公;不知公如断丧,私亦遭殃。"

青年时期,伯苓先生饱尝了中国因贫穷落后,以及一班不肖之徒的愚昧和自私给国家、给民族带来的无穷祸害。所以到了中年,他把办学的宗旨,归结为"公""能"两个字。

伯苓先生心目中的"公",就是一心为公,而不能为私。

他说:"唯其允公,才能高瞻远瞩,正己教人。"

他还说:"正人者,必先正己,要教育学生,必先教育自己。"

他不但这样说,还事事处处身体力行,带头这样做,终其一生,"公"字当头,倡导公德,公而忘私。

在当时那个污浊充斥的社会里,出现了这样一位满身正气、以身作则的先行者,大家怎能不尊敬与拥戴他呢?

伯苓先生的这些往事,于平凡和挚诚中见伟大,虽然算不上什么惊天动地,但在他诞生一个多世纪之后的今天,想起来仍是感人至深,也足以发人深省。

张伯苓先生的崇高品质,以及他一生对中国教育的巨大贡献,足以使后世"高山仰止,景行行止"。

在追逐物质利益的时候,他没有丧失良知。生活在功利社会中,他没有人格的残缺——他的生命是完整的。他不像有些人,名片上印着一大堆头衔,却找不出自己存在的理由。

在他的身上,时间和空间相聚得是那样的和谐,过去与未来结合得是如此的神圣。他,永远经得住人类社会的洗礼。

至死,他一贫如洗,但在后继者的心目中,他却是最富有的。

人,所能享受的,只是短暂的一生,而能留给后人的,才叫永世不绝。这样的人,才是真正的教育者,伟大的教育家!

人生在世,都肩负着一定的责任。作为教师,我们将以什么样的精神风貌应对工作中的各种困难,每个人在心中都会有自己的答案。

也许每个教师的答案都不一样,但是对教育的炽热情怀应该是一样的,对事业的忠诚态度应该是一样的,对学生的爱护和期望之心也应该是一样的!

如果教师不清廉,就会使教师所有传道的内容,都让学生难以接受,从而影响教育效果;会使自己在学生面前、心中威信扫地;会使学生形成不健康的世界观、人生观;会使社会,尤其是学生家长对学校的教育质量产生质疑,从而影响学校的声誉。

即使个别的老师一时得逞,也会因为自己的这点过失,叫学生记住你一生,并且随着学生的离校,这种过错将终生无法改正。得到的是蝇头小利,失去的却是教师高尚的人格,人们对教师的信任和自己在学生、社会中的威信,代价可谓大矣!

所以,教师应该时刻牢记,自己是"真人"的楷模,名利、金钱都是身外物,如过眼浮云,不值得贪恋,即使生活再艰难,也绝不能把欲望之手伸向学生,伸向教育!

清廉从教,已经成为这个时期对师德师风的新要求!

教师一定要加强自身的修养,在教学过程中,不断自省、自律,转变旧观念,增强服务意识,遵纪守法,远离贪婪和欲望,时刻保持清正廉洁,抗腐拒变,把"清清白白做人,踏踏实实做事",当成自己的人生座右铭!

不这样做,良心会责备我的

你最喜欢什么样的教师?一百个学生也许会列举出一千条标准,标准条条不同,但个个都反映出学生的心声。而这也正是教师关心、学校关注、社会注目的问题。

那么,现今的学生究竟喜欢什么样的教师?

在一次问卷调查中,学生们给出了答案:他们认为,对自己影响最大的是教师的个性和品质,而这其中他们最为喜欢、认为非常重要的品质则是"有良心",其所占百分比高达63.5%!

教师的职业良心是指教师在对学生、学生家长、同事以及社会、学校、职业履行义务的过程中所形成的特殊道德责任感和道德的自我评价能力。

"教书"就要凭着一颗良心,凭着对学生负责、对家长负责、对社会负责的忠诚于教育事业的心,才能教好书、育好人。从教育的角度看,教育工作者更要有职业良心,要重视内心审察和自我约束,要尊重学生的人性诉求,培养学生的人文精神,塑造学生的人格力量。

古代有一个传说,说达摩面壁20年,结果他的影子就留在了石壁上。这个故事在教育上很有意义,比喻了教师的人品是什么样,他就会在学生心里留下什么样的影子。教师是在潜移默化中影响学生的,只有教师有良心,学生才可能是正直的。

有良心的教师以高尚的人格熏陶学生,塑造青少年美好的心灵。唯有如此,学生才能从教师身上不仅学到渊博的学识,更获得终身受益的做人道理。

从濒临失学的贫困少年到拥有亿万家产的知名老板,杨俊臣带着感恩之心回报社会、扶贫济困的同时,一直在苦苦地寻找自己的恩师。这一找,竟找了整整30年……

孟老师是辽宁锦州人,1975年从辽宁随复员的丈夫来到江都。1968年,刚刚20岁出头的孟老师从师范学校毕业后被分配到北镇市五粮中学任教,几年后担任初一某班班主任。在班里,一个叫杨俊臣的男孩令她揪心。

小俊臣不是本地人,是随母亲从沈阳来到五粮插队落户的。杨俊臣学习成绩很好,人也聪明,但因为生活的极度贫困而使他衣衫不整、营养不良。更严重的是,由于从大城市到农村的巨大"落差"和生活的贫困,小俊臣沉默寡言,几乎不与同学老师沟通,心理问题十分令人担忧。

小俊臣家生活困难,一年的口粮吃不到一个月就没有了。孟老师看在眼里,急在心里。于是她就自己少吃一点,有时候甚至饿肚子节省粮票给小俊臣,并用自己微薄的工资为小俊臣买衣买鞋。

不知从何时起,离新学期开学往往还有一阵子,孟老师就早早地把小俊臣的学费准备好了……有几次,小俊臣因为极度贫困就要辍学,硬是被孟老师"拽"回了校园。在班上,孟老师让小俊臣当副班长,校内校外举行各种活动,她也让小俊臣积极参加。就这样,久违的笑容又出现在小俊臣的脸上,校园里经常看到他勤奋努力的身影。

1975年,孟老师在锦州某部队服役的丈夫复员回老家江苏,结婚才一个星期的孟老师突然接到了工作调令。今天孟老师回忆说,当时车等着,我把"铺盖卷一拿"就走了,走得十分匆忙,就连与老师和学生告别的时间都没有,只有校长一个人知道这件事。事后她听说,当时下了课的小俊臣不见了孟老师,和30几个同学沿大路追出好几里路,嗓子都喊哑了,真是难以想象。没想到这一别就是30年!

　　杨俊臣渡过难关后进步很快,直至上了大学。大学毕业后,他创办了自己的公司,成为资产上亿元的知名企业家。杨俊臣事业成功后一直不忘回报社会,在读书、创业过程中,恩师的爱心一直是激励他进步的力量。30年来,他更是一直在苦苦地寻找自己的恩师。

　　在杨俊臣的母校,在杨俊臣开创事业的辽宁省沈阳市大东区,"杨老板找老师"的故事很少有人不知道。又一个教师节到来前夕,杨俊臣终于得知自己的老师在相隔千山万水的江苏省江都市邵伯中学。在电话里,听到恩师声音的一刹那,这位已经49岁的企业老总,激动得泣不成声!

　　杨俊臣一直说,如果没有孟老师,自己不敢想象,30几年前那个瘦小、自卑的男孩会有今天的成绩。因为孟老师的帮助,自己知道了怎样做人,怎样以一种乐观的心态面对生活。

　　谈起自己寻找恩师的过程,杨俊臣语气十分激动。30年前老师走得太突然,怎么也"找"不着了。这以后,老师对我的谆谆教诲一直激励着自己成长,在这个过程中我时刻不忘打听她的下落。大学毕业,有了自己的事业后,这种愿望尤为强烈。问过以前的同学,以前的老师,问过所有在这个学校里读过书、教过书的人,都没有结果。

　　就在杨俊臣准备花钱到中央电视台做广告寻找老师的时候,一次偶然的师生聚会,他意外得知孟老师原来在江苏。30年的夙愿实现了!杨俊臣说,自己无法忘记时隔30年后自己和恩师通电话的情景,说不出的感慨、激动、兴奋,真的不能用语言来表达!通过电话后,杨俊臣迅速赶到江都,和老师见了面。

　　而在孟老师退休前所在的邵伯中学,提到她,学校里的员工和一些高年级的学生没有一个不夸赞的。该校的王斌校长介绍说,教师这个职业就是一个爱的职业,这在孟老师身上体现得尤其明显。她特别善于和学生沟通,不但自己常年资助困难学生,还启发大家互帮互助,在校园内营造出一种和谐、友爱的气氛。

　　这些年,孟老师帮助过的孩子太多了,不少学生毕业后感谢她,可她却常常想不起来了。像20世纪90年代的全国十佳少年、山东青岛的杜瑶瑶同学,父亲去世,母亲瘫痪,孟老师从报纸上知道她的情况后,为她交学费,逢年过节给她寄钱、寄东西;孟老师还发动班上的学生一起帮助杜瑶瑶,让大家平时节俭,攒下钱来"包"下了杜瑶瑶3年的文具费用。在杜瑶瑶不断成长进步的同时,孟老师带的班里的学生,个个也都成长为国家的栋梁之材。

有人问孟老师,面对那些有困难的学生,是什么促使她这样去做,孟老师回答说:"不这样做,良心会责备我的!"

是呀,是孟老师的良心谱写了亿万老板寻恩师的感人故事,但没有人知道,这样的感人故事对于孟老师来说还有多少。

"有知识而没有良心的人,是危险的;有良心而没有知识的人,是无用的。"这是对教书育人的最好诠释。

"言为学子师,行为学子表。"教师要教育出有用而又不危险的人,首先自己要与人为善。一个教师如果本身没有良心,对学生漠然视之,那么,他是根本不可能成为学生的榜样的。就算勉强为人师,也是遭人白眼,落人笑柄。

一个教师无论拥有多少才华能力、多少学识魅力,如果不能以正直的优秀品质作为依托,那么,所有的一切都只能是枉然。教师的魅力不仅表现在讲课时的滔滔不绝或娓娓道来,更重要的是有一份良心和务实的工作作风。

冯友兰先生在《新原人》中曾说:"人生有四境界:自然境界、功利境界、道德境界、天人境界。"

当今社会中处在自然境界、功利境界的人最多,进入道德境界的人少一些,进入天人境界的人则更少,而合格的教师至少应该是道德境界中的人!

试想一下,一个思想道德低劣,对人缺少同情心的教师,能引起学生的尊重么?相反,如果一个教师正直善良,同情弱者,扶持落后者,关心上进者;永远拥有一颗火热、诚挚的心,永远保有一双公正、诚实的眼睛,永远操有健康的心口如一的语言,永远想着带给学生新鲜圣洁的思想……那么,学生就会对他产生信赖感、亲切感,并深深地被他正直的人格魅力所吸引,进而信其道,学其行。

从孟老师的身上,我们看到了一位知识分子用行动与良知履行了一名教师的职业良心,实践了一个教师"身教重于言教"的美德。

教师的职业良心在教师职业劳动过程中和道德生活中起着巨大的作用,它贯穿于教学中的各个阶段,成为教师思想和情操的精神支柱。

良心虽然是隐藏在内心深处的,但是,它必须体现在教育活动中。如果良心仅仅只是停留在内心,而不在教育活动中表现出来,那么,良心就失去了意义。有良心的教师首先表现在对学生的爱心上。家长把孩子托付给我们,就是让我们把他的孩子培养成为国家和社会所期望的各行各业的合格建设者和德才兼备的人才。

孟老师是教师职业良心最好的实践者,在最困难的时候,她把口粮留给了自己的学生,她的学生杨俊臣正是被她这种无私的爱心所深深感染。在孟老师的影响下,杨俊臣一直对社会怀着感激之心,他这些年花在贫困学生身上的钱达数百万元。作为一个明星企业家,杨俊臣在沈阳的一所学校设立奖学基金,对考上大学的贫困学生鼎力相助;还常帮助许多贫困学生,给他们提供所有读书和生活的费用。杨俊臣说,自己挣下的钱,也许几辈子都够花了,但一想到自己的过去,想到公司这么多员工,心里就多了一份责任,因为员工的这份工作也许就是整个家庭的支撑。社会上还有那么多需要帮助的人群、濒临失学的孩子,这些都督促自己一刻也不能松懈。

杨俊臣在事业上取得一些成绩后,对困难的学生,对身边的困难群体,就有一种自发的感情。他其实就是在走孟老师走过的路。

毫无疑问,从顽皮孩童到青涩少年,再到风华正茂的青年,对于我们每一个人来说,教师都是我们生命历程中一段抹不去的记忆,一个难以忘怀的亲切称谓。

不管我们以后从事什么职业,走到什么地方,身上总会带有当年教师对我们的影响,那是对一个人一生的影响。而一个有爱心的教师,带给学生的也必然是正面的、正直的影响。

孟老师在她的学生毕业时,都会说出这样的临别赠言:

"在生活中,不可能每个人都成为伟人,都成为英雄,但可以,也必须成为一位有良心的人。无论你在飞黄腾达的顺境中,还是在风霜相逼的逆境之中,都要牢记'良心'二字。20年、30年后,只要你还是一位有良心、有知识的人,就一定是值得我崇拜的人。"

而她的学生们也的确牢牢记住了她的这一席话。

一天,一个15年没有见面的学生突然来看望孟老师,学生说:"在我们毕业时,您说过,'今后无论在什么样的环境中,都要做一个有良心的人'。这些年来我正是这样做的。"

这位学生离校后,在苦寒的山西煤窑下当过工人,办过动物饲养场,闯云南贩药材,下闽广贩服装……无论在哪里,干什么,他都记住了"做人要有良心"。所以,15年后,他还记得这位老师,还记得这位老师关于"良心"的教导。

事实上,记得孟老师的"良心"之言的又何止这一位学生,在学生们寄给老师的节日贺卡上,常有这样的话:

"挺直了腰做人,做一个有良心的人!这是您给我们的临别赠言,它将伴随我一辈子。"

"不管在以后的人生道路上会有多少坎坷与艰险,我都不会忘记自己的使命:做一个有良心的人,一个对社会有用的人!"

这是学生的心声,也是让孟老师感到欣慰的地方,更应该是所有老师都必须达成的目标。

我们所教过的学生不可能个个都成为名人、伟人、英雄、豪杰,但是,我们所教过的学生应该且必须是具有良好的德行之人,是富有正义感和道德良知的有用之人!

而这,需要我们这些教师首先做到!

教师的一言一行不仅受到社会和他人的评价,而且还受到自己良心的评价。

"教师的成功,是创造出值得自己崇拜的人。"

"他们所要创造的是真善美的活人。"

陶行知先生的这些话,道出了教育的真谛。教师应该具有一种善良的人格力量,要对学生在精神上、在做人上产生影响。

良心是指导教师进行正确的行为选择的依据。我们一定要注意自己的言行,特别是在学生面前。实施某种行为前,我们一定要根据道德要求,依据道德良心进行思忖,想一想自己的道德选择是否正确,想一想"我这样做会有什么后果?""我这样做符不符合教育方针要求?""合不合教师的身份。"对符合职业道德要求的行为可以做,对不符合职业道德要求的一定不能做。

给学生一颗仁爱之心

若要问全世界的校长、教师们,他们心目中的大教育家是谁,他们一定会说出许多人的名字来,尤其那些深通世界教育史的学者们,可能会排列出一个长长的名单。

也许你会觉得这份长长的名单上的每一个名字都重若千斤,可是若让你选出一个你觉得最伟大的教育家,你会选择谁呢?

曾经有一个中国女孩在美国读书时,她要在她所就读的高中里开展一个"学雷锋"的活动,让雷锋乐于助人的精神传遍她的校园。

当她做宣传活动的时候,她的校长问她:"雷锋是谁? 是孔夫子的一个门生吗?"于此,我们可以知道在这个校长的心中,东方最伟大的教育家一定是孔子。

的确,在言必称希腊的西方学者的头脑中,世界上的大教育家恐怕除了苏格拉底,就只有中国的圣人——孔子!

孔子实在不愧为伟大的教育家,其教学方法和教学艺术之高超,至今难以有人能望其项背。

以著名的"启发式教学法"为例,许多人都以为这是苏格拉底的首创。事实上,"不愤不启,不悱不发",正是孔子一贯坚持的启发式教学方式,而且"启发"式这个名称本身也是由孔子这八个字(而不是苏格拉底)而来的。

不过,无论"启发式"教学方法到底是谁首创的,这其实并不是最重要的问题,伟大的人原本思想就是相通的。

对孔子来说,最重要的是他的理想:要实现一个人与人之间充满仁爱的大同世界!为了实现大同世界,关键是要把仁爱的思想灌输到广大群众中去。而他需要在他的仁爱思想和广大群众之间架起一座桥梁,这座桥梁就是一大批有志于弘扬和推行仁道的志士和君子。

这类志士和君子既要有弘道和行道的志向,又要有弘道和行道的德才。

虽然孔子的弟子也可以说都是贤人、圣人一级的人物了,可是孔子还是时时不忘用仁爱的思想去提醒和叮嘱他们。

在每一次的教学中,我们不仅要赞叹孔子高超的教育方法和巧妙的指导手段,更会被先贤圣人心中的仁慈和博爱所感动,为他高尚的人格和宽广的胸怀而震撼。

仲由,字子路,是孔子的一个得意门徒。一日,他在市场上闲逛时,见到一个头者正在与卖者争吵不休。

那个卖者道:"我一尺鲁缟价三钱,你要八尺,共二十四钱,少一个子也不卖!"

买者争辩道:"明明是三八二十三,你多要钱是何道理?"

仲由立刻笑着对买者说:"三八二十四才对,你错了。"

可是买者依然不服,双方争执不下,于是便要打赌。仲由性格爽直、为人勇武,当场便以自己新买的头盔做赌注。而那个买者更是火气旺盛,竟然愿意以自己的脑袋做赌注。二人击掌为誓之后,去找孔子评理。

孔子听了原委,笑着对仲由说:"子路,你错了,快把头盔输给人家吧。"

仲由一听,顿时非常气恼,自己最信任、最敬仰的老师怎么可以说出这样的谎话呢？这是一个多么明显的谎言啊！

愤怒之下，仲由对孔子说："老师，你怎么可以说谎呢？这真是让我痛心，我决定辞别老师，回家省亲。"言下之意，自然是不想再做孔子的弟子了。

但孔子并没有因此而勃然大怒，仲由临行时，他依然微笑着说道："你要走，我不怪你。虽然你可以不认我这个老师，但是此次探亲，有两句话你必须谨记：古树莫存身，杀人莫动刃。"

这两句话有什么含义呢？仲由虽然不明白，但是他还是答应了孔子，然后毅然返回卞国。

仲由行在途中时，忽然遇到大雷雨，举目都是漫野荒凉之处，也没有一个可以避雨之处，只有道旁的一棵古树，树洞硕大，足可栖身。仲由正想避进树洞的时候，突然想了老师的叮嘱：古树莫存身。他便马上抽身离开古树。

仲由还没走出多远，只见一道银龙似的闪电在天空划过，随即身后传来"咔"的一声暴响，仲由忙回头一看。只见古树已经被雷击断，还在荒地上兀自冒着烟。

仲由在万分庆幸自己幸免于难时，不由得在心中深深地感谢老师的叮嘱。

寅夜时分，仲由才抵达家中。站在家门外，他又暗自思量："我离家这么久了，妻子是不是对我还是那样忠贞呢？不如我悄悄开门，先窥探一番。"

于是，他跃入院墙，用刀尖拨开门闩，轻步走到床前，伸手在床前暗处一摸，竟有两个人头合枕而眠。

仲由顿时怒上心头，举刀欲砍，猛然间又想起了老师的叮嘱：杀人勿动刃。他便放下刀刃，点灯一照，原来是妻、妹合床而眠。

仲由吓了一身冷汗，心想多亏老师明鉴，才没有误杀亲人。

仲由在家只住一日，便又回来答谢老师的指点之恩。

然后，他大惑不解地问孔子："老师，明明是三八二十四，您为何说二十三呢？"

孔子笑道："子路，你输了，头盔可以重新买到，若买缟人输了呢？"

仲由恍然问明白了老师的用意，是啊，我输了，头盔可以重新买到，可要是那个买绸人输了,他势必要用性命来抵偿啊!

在这一瞬间,仲由更加明白了生命的真谛、真理的意义和老师仁慈博爱的高尚人格。

没有仁慈宽厚的心胸,就算掌握了全天下的真理又有何用呢?

身为一名教师,教书的同时更要注重育人,用言传、用身教,身体力行地为学生做出一个正直、善良、宽厚、仁慈、博爱的人的示范!

心存仁念,珍视每一个人的生命;心存仁念,教会学生如何爱人;心存仁念,用仁慈的爱使学生明白什么是最重要的;心存仁念,以博爱的光辉照亮学生的心灵!

你是不是在传授学生真理和知识的时候,也心存仁念,时刻叮嘱他们要有仁爱之心呢?

孔子是两千多年前的至圣先师,他在一生的教育活动中,躬行实践,严谨治学,因材施教,学而不厌,诲人不倦;对学生,更是平等相待,和睦相处。

他的教学思想、教学方法和崇高的人格魅力,值得我们每一个教育工作者学习和借鉴,并以此指导我们今后的教育教学改革。

从上面的故事中,我们可以看出他有许多值得我们学习的地方:

1. "古树莫存身,杀人莫动刃"

孔老夫子对得意门徒的耳提面命之语,让人深思。观察生活中的细节,可安身立命;凡事三思而后行,莫要鲁莽行事。

2. "不愤不启,不悱不发"的教育方法

从一个教育工作者的角度来看,孔子的教育方法真是非常高超的。

"不愤不启,不悱不发,"以学生为中心,让学生在学习过程中自始至终处于主动地位,让学生主动提出问题、思考问题,让学生主动去发现、去探索,教师只是从旁边加以点拨,起指导和促进作用。

孔子对于仲由的仁爱教育便是如此,他先让仲由自己去思考、去发问,再适时地告诉他答案。这种方法比起"以教师为中心,学生完全被教师牵着鼻子走"的教学方式真是不知道高明了多少。

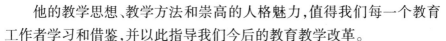

3. 孔子说"三八二十三"的这件事更是让人深深回味

心有仁念,不跟人做意气之争。这正是孔子整个儒家思想中所要表现的"仁者爱人"。

以孔子的知识,他当然知道什么是正确的、什么是错误的。可是与性命相比,在孔子的心中,这一点所谓的真理之争还有什么意义呢?

4. 宽厚对待他人

如果你能肯定学生,相信学生具有成长和进步的能力,即使在遭到诅咒或指责时也仍然祝福他们,那你就将高尚融入了你的性格和人格。

5. 具有高尚人格的人以德报怨,以耐心回报急躁

孔子甘愿受辱和受苦,始终原谅和忘记他人的过失,快乐地看待生活,相信人的潜在善良和真理的最终胜利,那份耐心也很值得老师们借鉴。

从人格魅力的角度来分,教师大致有四种类型:

第一种教师学识渊博,卓有成就,人格也高尚,堪称名师。名师是不多的,而擅长教学实践的名师可能更少。因此,能投身名师门下,是学生共同的愿望。

第二种教师有学问,但师德一般,缺乏人格魅力。学生从他们那儿可以学到丰富的知识,增长自己的才干。如果环境良好,也是可以成为合格的人才的;但是,在不良环境影响下,学生也有可能成为社会上的害群之马,甚至高智商的罪犯。

第三种教师学术水平一般,但自有其影响学生的人格力量,学生在他们的教导和熏陶下,虽然不会变坏,但学业上长进不快,也有耽误青春之忧。

第四种教师既无突出的专业水平,又无让人敬仰的人格,是四种类型教师中的最低层,学生一般是不愿意接受这种教师的。

看了上面的分类,你觉得自己是哪一种呢?是否还算名师呢?

在教育中,一切都以教育者的人格为基础。只有具有高尚人格的教师才是名师,因为他们用自己的人格力量去感染学生,用行动教导学生如何去做人。

在古代,孔子、孟子等都是赫赫有名的教育家,也因为人品的高尚,而被后世尊为圣贤。

在现代,李大钊、鲁迅、闻一多、朱自清等也都当过教师,他们之所以受到青年学生的敬仰,显然不单单是由于其思想进步或学问高深,而是与他们的人格魅力有非常大的关系。

当然,孔子、孟子只能让后人望其项背,李大钊和鲁迅先生也同样是常人难以企及的,就是要成为闻一多、朱自清这样的名师也非易事。

但是,时代在呼唤优秀的教师,教育迫切地需要优秀的教师。而教书育人是一项光荣而艰巨的工作,教师必须要以自己高尚的人格来影响学生。

其实,每一个当过学生的人,都曾遇到一个或几个难忘的"仰之弥高"的老师,都曾为这些老师的人格所感染,甚至影响自己的一生。

回想一下,也许你现在也想起了一个或几个让你怀念和感恩的老师。

所以,做个名师虽然不易,但要做个优秀称职的老师似乎也并不是太难。只要你记得:你的一言一行都会折射出你的人格内涵,而你的人格则会影响你的学生一生!

用你的人格力量去感染学生吧,并让他们懂得"仁者爱人"!

公平地对待每一个人

"罗森塔尔效应"说明,教师对学生的态度是一种巨大的教育力量。它告诉我们,作为教师,应该关心每一个学生,对每一个学生都寄予合理的期望,给他们以公正的和足够的支持与鼓励。

伟大的教育家陶行知先生说过:"创造"最能发挥的条件是民主。这包括两个内容:一是教师和学生虽然在教育中的职责和任务不同,但地位是平等的;二是学生虽然在个性特点、学习成绩等诸多方面有所不同,但在教师眼里地位应该是平等的。

这就意味着,教师在对待学生时,不能以"权威"自居,不能搞"一言堂",要与学生共同探讨学习的真理、与学生共同进步。

这更意味着,教师不能把学生分为三六九等,必须一视同仁,公平公正地对待每一个学生。教师不能因为学生家庭文化、经济、政治等背景以及学生自身智力、性格、情趣等方面的差异而对他们有所不同或者是歧视。

因为只有当学生感受到无论自己是否引人注目,是否取得过骄人的成绩,甚至是否遵守学生规则,自己都会和其他同学一样平等地受到教师的关注。得到教师的关心时,他们才会不由自主地被教师的人格魅力所折服,产生由衷的"向师之心",向教师袒露自己的心声。

一个真正有人格魅力的教师,总是能尊重和宽容每一个学生,平等公平地对待所有的学生,无论学生是聪明的还是愚笨的、乖巧的还是顽劣的,他们都能够让自己的师爱阳光均匀地照耀在每一个学生身上。

鲁迅出身于一个没落的士大夫家庭。1898 年,他到南京求学,先入江南水师学堂,次年考入江南陆师学堂附设的矿务铁路学堂,其间接触了西方资产阶级的"科学"与"民主"。

1902 年,他赴日本留学,先入东京弘文学院。1904 年,他到仙台医学专科学校学习医学,后弃医习文。在日本 7 年多的时间里,鲁迅看尽了日本人对中国人的鄙视和虐待,但老师藤野先生公平待人的人格却让他敬佩万分,并影响了他的一生。

一次,藤野先生在上评论课时,拿起一幅讲义图问道:"这张下臂血管图是哪位同学所画?"

鲁迅立刻站了起来,其他同学充满轻蔑地看了他一眼,随即大声地说道:"是亚细亚黄种人的'大作'!"随之而来的就是一片不以为然地哈哈大笑声。

但是,在那个中国人被称为"东亚病夫"的时代,藤野先生并没有对鲁迅露出任何歧视的神色,反而绷着脸对其他同学说道:"中国人也是人,不要以为自己是日本人就可以侮辱其他国家的学生,你们没有资格鄙视任何一个人!"

这句话从此深深地印在了鲁迅的心中,并使鲁迅坚定了努力出人头地、改变中国人地位的想法。

藤野先生训斥完学生之后,便把鲁迅叫到讲台前,用手指着图对他和蔼地说:"你看,你将这条血管移了一点位置。虽然这样一移,的确比较好看了一些,但是解剖图不是美术,实物是那么样的,我们没法改变它。"

藤野先生接着便拿起粉笔在黑板上画上了正确的解剖图,并且对鲁迅说:"以后一定要按照事物的本来面目去描画。"

整个谈话过程中,藤野先生始终保持着平和认真的态度,既没有因为鲁迅学习上的错误而展现任何的不耐和不屑,也没有因为鲁迅身份上的"与众不同"而露出任何的轻蔑和鄙视。

对于一个像鲁迅这样受尽了歧视和侮辱的清国留学生而言,藤野先生这种公平地对待和关爱,自然会使他感激万分,并终生受益。

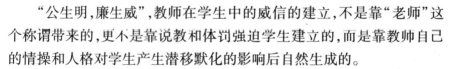

"公生明,廉生威",教师在学生中的威信的建立,不是靠"老师"这个称谓带来的,更不是靠说教和体罚强迫学生建立的,而是靠教师自己的情操和人格对学生产生潜移默化的影响后自然生成的。

教师的"公平客观",是理想教师必须具备的人格素质。在学生的眼里,他们最希望教师对所有学生都一视同仁,不厚此薄彼;他们最不满意教师凭个人好恶、偏袒某些学生或冷落、歧视某些学生。

当一个教师用真诚、善良、言行一致的原则与学生相处,对学生不偏不袒,公正无私地处理学生之间存在的问题时,学生就会对教师产生亲切感和仰慕感,就会有意无意地效仿教师,甚至是追随教师。

爱学生就要公平对待所有学生,把每一个学生视为自己最亲的孩子。教师的公平与公正是学生信赖教师的基础!

鲁迅后来所取得的成绩与藤野先生对他倾注的无私的爱无疑是分

不开的。但是,更重要的是藤野先生对学生公平公正、一视同仁的态度,以及一丝不苟地为一个清国留学生批改作业的行为感染了鲁迅,影响了鲁迅。

藤野先生在面对其他同学对鲁迅的歧视时,并不是置之不理,更没有"同流合污",而是教导学生要公平地对待每一个人;他面对鲁迅画错的讲义图,也没有责骂而是耐心地给予讲解。

作为教师,对于你身边的"问题学生",你能做到像藤野先生那样公平地对待他们吗?

教师要想对每位学生的成长确实有所启发、有所引导,就必须做到尊重、关心他们,理解、体谅他们,信任、接纳他们,以关爱之情、公平之心去感染、感化他们,逐渐建立起一种体现公平的教育模式。

在美国,学生入小学时,都要测试智商的高低,按照智商的高低分为快慢班。有一所小学有这样一个班级:智商低下的有之;思想不健全的有之;失去自主能力的有之……这个班级因此被学校的老师和同学们称为"特殊"班级。

学期中间,一个名叫麦琪的老师被调到这个学校来,校长要她担任这个"特殊班"的老师。

通过初步的了解,麦琪知道了这是一个智商最低、老师们最不愿接手的班级,但她并没有因此退却,反而下定决心一定要改变这些学生的学习现状。

在教学和管理中,麦琪想方设法地对学生渗透平等、民主、自主的观念。课堂提问时,为了保持公平,使每一个人都能够获得回答问题的机会,她让学生一排一排挨个儿回答问题。这样的做法增加了学生对学习的兴趣,也使他们更加主动、自觉地学习了。

学期结束考核后,校长把麦琪请到办公室,问她说:"你对这些孩子施了什么魔法?他们的考试成绩竟然比普通班的学生还好!"

麦琪笑着回答道:"那很自然啊!他们的智商本来就比普通班学生要高呀,您不是也说他们很特殊吗?"

"我当时说这个班学生特殊,是因为他们有的患情绪紊乱症,有的智商低下，需要特殊照顾。可是你好像并没有照顾他们，那为什么……"校长不解地问。

"我为什么要照顾他们，他们和普通的学生一样，我对他们每一个人都非常公平，包括我对他们所说的每一句话都是一模一样的。"

校长这时才醒悟过来，原来"特殊班"的学生并不特殊，只是自己没有做到对学生平等地对待而已。从此以后，校长撤销了"特殊班"。

在每一个班集体中，都会存在着这样一群孩子——后进生，他们由于在学习或生活中经常出现这样或那样的问题，导致他们的自尊心受到伤害，并且形成自卑心理，产生无能感，从而形成孤僻、冷漠等畸形性格。

如果教师只是一味地认为这些学生是"差生"或是"问题学生"，对他们总是嗤之以鼻，不予理睬，那么这样的教师就缺少了最起码的做人的准则，更谈不上什么人格魅力，自然就会永远被学生拒之于心门之外。

陶行知先生曾经提出过"泛爱"的教育理论——教师不能只爱几个"好学生"，而应该"爱满天下"。

教师爱学生，就要用公平的眼光来看待学生，不能把成绩和其他一切外在条件作为衡量学生好坏的标准。

教师爱学生，就要把欣赏的目光投向每一个学生，让更多的学生从中感受到殷切的期望，体验成功的喜悦，从而获取向上的动力。

美国俄亥俄州某学校的校规规定：学生在学校里应当获得可能的最好的教育；学生作为一个个人必须得到教师公平地对待。如果教师没有公平地对待学生，那么，学生可以通过个人或者学校的代表组织发表自己的意见和看法，使教师受到相应的处罚。

事实上，教师平等地对待每一个学生，给学生表达自己意见的机会，在任何国家的教育教学中都是不容忽视的重要准则。

教师应当对所有的学生一视同仁，不能以个人的好恶选择喜爱某些学生，或厌恶另一些学生，否则，不但会极大地伤害了学生的自尊心，也有损教师的人格。

作为一个具有人格魅力的教师，在教学过程中，应以正确的教育思想教书育人，面向全体学生，公平地对待每一个学生，给予全体学生同样的关心和指导、同样的信赖和尊重、同样的鼓励和期望,这将会促进学生在各个方面全面发展。

教师对待学生的公平与公正,更应该倾注在每一个细微的环节之中。比如,课堂请学生回答问题,要做到经常轮换提问对象,尽量让人人参与;找学生谈话,要做到好、中、差面面俱到;编排学生座位,也要公正公平,不能让成绩差的、表现不好的同学坐角落,也不能对成绩好的就特别照顾,绝对不能带有"特殊的"感情色彩,厚此薄彼。

尊敬的教师,请把你的爱心献给每一位学生,对每个学生都做到公平公正吧!这种大放异彩的人格魅力,会让你的学生更加尊敬你!

奉献是教师的天职

如果说有一种精神,无论古今,什么时代都需要,那就是奉献。

如果说有一种精神,无论中外,都能感动所有的人,那就是奉献。

如果说有一种精神,永远闪耀出夺目的光彩,那就是奉献。

奉献精神的实质,在于坚持高尚的人格魅力,不为一时的艰难困苦所压倒;在于顾全大局,遵纪守法,克服利己主义;在于为了他人、集体和国家的利益,勇于献出自己的一份力量,甚至舍生忘死。

三国时诸葛亮为国家鞠躬尽瘁,死而后已;清代林则徐在流放伊犁的途中,写下了"苟利国家生死以,岂因祸福避趋之"的不朽诗句,都是奉献精神的典型体现。

从雷锋、孔繁森到郑培民,从抗洪官兵到战斗在防治"非典"一线的医护人员,他们的行为处处都体现出对社会、国家、民族的无私奉献。正是无数代人的奉献精神,才使中华民族得以屹立于世界民族之林。

毋庸置疑,奉献已经成为评价一个人人格魅力的重要标准,而作为一名知识的传播者——教师,更应该具有这种崇高的奉献精神。

苏联教育家苏霍姆林斯基说过一句话:"把整个心灵都奉献给孩子吧! 他们是那样的天真、可爱,每一个都是可以成为有用之才的,你们的眼里、心里都要装着孩子……"

不能说所有的教师都有可贵的奉献精神,但是,我们可以大胆地说,不少教师都有一种常人没有的奉献精神。多少年来,很多教师对于教育事业、对于教育工作、对于学生,都在一直默默地奉献着自己的情感、知识甚至是生命。

一个人的生命是有限的,而一名教师的事业却是常青的。教师的生命在学生身上能够得以延续,教师的价值在学生身上得以体现,教师的人格魅力更能够感染学生,使他们学到最基本的品格——奉献!

年过半百的刘恩和,利用上课之余的一早一晚,在一条崎岖的山路上往返了近2000公里,硬是用一个小背篓把重达数十吨的钢筋、水泥背上了山。而他的目标竟是如此朴素:建一所像样的小学,让山里的苦娃娃都有书读。

刘恩和所在的山村小学相当破败,没有围墙,没有宿舍,没有操场,课桌板凳全是缺胳膊断腿的,黑板斑斑驳驳、坑坑洼洼。

仅有的几间教室,也是歪歪斜斜,四壁通透,房檐檩子腐烂得随时都可能掉下来。外面下雨,教室里就成烂泥塘;外面下雪,课桌上就水淋淋的。

最难堪的是,这所100多人的学校,却没有一间厕所,学生要解手,就只有按性别分批轮流,走到附近的树林里。

看着孩子们在这样艰苦的条件下读书,刘恩和这个44岁的汉子流下了酸楚的泪。他暗暗发誓:要奉献自己的一切,让山里的孩子们改变艰苦的学习条件!

于是,木匠出身的刘恩和,自己动手修理桌椅板凳。渐渐地,刘恩和被学生们亲切地称为"木匠校长"。

1996年,刘恩和争取到世界银行资助中国贫困山区修建学校的贷款。可是上级要求在10天内自筹1万元匹配金,在5天之内必须交

5000元的定金,如果办不到,就把项目给其他学校。

刘恩和狠狠地点头:"我一定要办到! 我5天内先交一半定金,10天内全部交清!"

然而,这件事做起来太难了!

1万元,对于刘恩和来说,简直就是一个天文数字。在这个人均年收入只有400元的极度贫困山区里,在这么短时间,上哪儿去筹集1万元呢?

刘恩和到信用社贷款,但是个人只能贷3000元。他又把家中所有的钱拿出来,凑了1000元。刘恩和当时的月工资也只有110元,1000元钱就是他9个月的收入。

5天的时间很快就要到了,可预付的定金还差1000元,刘恩和便想到了家中仅有的一笔存款。那笔1300元的定期存款,是全家人多年省吃俭用存起来以预防不测用的。3年定期还差2个月就到期了,但刘恩和却不顾提前支取的利息损失,咬牙取了出来。

虽然定金交齐了,可是还差5000元的匹配金,他实在没办法了,找到村支书,要求村民集资,可是深山里的贫困村民根本就没什么钱,即使有些钱,他们也不会白白拱手送人。所以,大家都要求刘恩和做担保。

刘恩和说:"我用房子和牲畜抵押,事情黄了,你们扒我的房子,牵我的猪和牛!"这使得刘恩和本来就一贫如洗的家,更是雪上加霜——他们连自己的栖身之地都不属于自己了。

但无论如何,1万元匹配金总算落实了,项目终于争取下来了,再加上世界银行原来答应的贷款8万元,共计9万元,这不禁使刘恩和松了一口气。

为了节省资金,刘恩和先后请了3个施工队,好说歹说给对方4万元,其中1万元,他说自己是木匠,他用劳力顶,建材自己负责背。工程队的包工头被他的奉献精神感动,答应接手这项不赚钱甚至赔本的工程。

从这之后,从石界到茨坝10余里崎岖的山路上,每天早晚,都能够看到刘恩和背着水泥和石灰的身影。他艰难地拄着竹竿,弓着腰,咬着牙,一点一点地挪动着脚步,一步一步地走着,风雨无阻。

在贫困山区里,人们每天吃两顿饭。每天夜里,刘恩和都煮好一锅土豆,第二天带在身上,边走边吃,他要赶在上课前背回一趟石料,放学后继续背。

刘恩和在山路上身负重荷、艰难前行的身影,逐渐打动了山里的村民们,他们也自发地出动,帮助刘恩和一起背。

刘恩和在背负建筑材料的4个月期间,磨破了5双胶鞋,仅他自己就背回来172多吨建材,行程约2000公里。

然而,这也活活把他累坏了,一次刚下课,他就昏倒了,学生们抱着他担心地大哭。

8月底,两层教学楼终于修好了。

可是仅仅几个月的工夫,刘恩和这个48岁的汉子,头发胡子却全白了。人们在感动之余说道:"他的家是最贫困的,而学校却是最现代的。"

20多年来,刘恩和把自己80%的工资都补贴给了贫困的娃娃,有80多个失学孩子在他的资助下,考上中等专业学校。他总共资助400多名贫困生,使学校入学率、巩固率、毕业率达到了100%。

2002年,铜仁地区表彰了刘恩和,奖励了他2万元,他用这2万元修了学校的篮球场。

2003年,省里表彰了刘恩和,奖励了他5万元,他用这5万元再加上自己节俭下来的工资8 000元,在1997年修建的两层的教学楼上,又加盖了一层,还修建了学校的水泥地面和花坛。

2003年,省里又拨给他10万元,他修了学校的大门和围墙。

而刘恩和除去上课的时间。照样去石界背建材,山上打石头,他仍然默默地奉献着自己的一切。

奉献是什么?是对于本职工作所产生的挚爱,从而坚决地付出自己的一切。

作为具有奉献精神的人,必要时、需要时,他会挺身而出、毫不犹豫、毫不迟疑、毫不顾惜自己的一切。

一名优秀的、具有奉献精神的教师,也许会失去许多:金钱、地位、对家庭的责任,等等。但是,我们也要始终坚信:我们会收获更多——收获学生的拥护和爱戴、收获学生的尊重和敬佩、收获学生的效仿与跟随!

刘恩和的一生淡泊名利,两袖清风。他俯首甘为孺子牛,将自己的一切都无私地奉献给了教育事业。

为了他的学生能够上学,他甚至把自己孩子上学的钱都给了别人;

为了学生有一个更加舒适的学习环境,他不辞辛劳地背石料建造学校;

为了集资建校,他倾其所有……

这样的教师,用他们的一生书写着奉献的篇章——

教师似园丁,用慈母般的乳汁哺育着满园的桃李,用深深爱意滋润着学生的心田;

教师似红烛,有一份热,发一份光,耗尽自己,照亮别人;

教师似春蚕,用尽最后一份力,吐尽最后一根丝,为了教育下一代付出了全部心血。

在现实中,我们经常会看到那些深夜紧锁眉头,埋头备课的教师身影。

多少个日日夜夜,多少个春夏秋冬,更有多少个男男女女的教师在电脑前搜索资料,在书架上寻找答案。当众人早已鼾声如雷时,只有那些热爱教育的教师还在那里不知疲倦地熬夜。

正是教师的这种默默无闻的奉献精神,才使得一个个懵懵懂懂的学生走上了成功之路。

对于具有奉献精神的教师来说。奖金不重要,证书不重要,补贴不重要,重要的是让他们站在三尺讲台上,默默奉献自己的一切。

要说教师还要求有什么回报的话,那么也许就是对"青出于蓝而胜于蓝""长江后浪推前浪"的渴望。只要这个愿望实现,他们就会露出常人难以理解的笑容。

赵振江教授于1959年考入北京大学西语系法兰西语言文学专业,

1960 年服从国家需要,转入西班牙语语言文学专业,1964 年留校任教至今。

40 年来,他一直坚持在教学第一线,几乎承担过西班牙语系的各类课程,其中包括本科一至四年级的精读、泛读、语法、翻译、报刊等,而西班牙语诗歌、文学翻译理论与实践,更是他多年来为研究生开设的必修课。

赵振江教授从事了大量的翻译实践,积累了丰富的经验,他总是将这些经验无私地与学生分享。而且大量的翻译,也为教学奠定了坚实的基础,使他总结出了很多值得学生学习的翻译方法。特别是在为研究生讲授翻译课程时,他与学生一同翻译西班牙语文学名著,在实践中悉心指点学生,让他们在实践中掌握翻译技巧。

他坚持救助困难学生,送走的是成功的学子,换来的是一封封热情洋溢的书信和一颗颗感激的心;

他坚持帮助困难教职工,热心为教职工排忧解难,换来的是一声声感激不尽的话语;

他坚持关心教职工的成长,认真考察培养积极分子,为学校壮大了党员队伍,培养了一批又一批骨干力量。

赵振江担任过班主任、教研室主任、党支部书记、系主任、院学术委员会主任等多项职务。对于这些工作,他都是认真负责地去完成,从不考虑个人得失。

在他担任西语系主任期间,他与三位副主任商定,他们的津贴取系里行政人员的最低标准,与传达室的师傅一样。作为一名负责人,他从不申请由系里评选的奖项。

他常说:作为一个教师,就应该无私地奉献自己的一切。

奉献——是人类最宝贵的财富、最纯洁的精神。我们不能狭隘地、简单地把它与在市场经济运行中的等价交换规则相提并论,也不能肤浅地认为奉献只是一种理想化的期望,而不适应今天的生活和时代。

人,一生要有所作为,要实现自己的追求和理想,就必须具有奉献精神;这是一个人快乐的源泉,是一个人事业成功的保证。

一个民族要生存，一个国家要发展，更需要它的人民具有奉献精神。因为，奉献精神不仅能产生出巨大的凝聚力，更是民族发展和国家兴旺的基石。

校园是一块圣土，教师在这块圣土上耕耘，更应该以生命投入，奉献自己的青春、心血和智慧，培养学生成长、成人、成才。

甘愿奉献一直是我们民族的光荣传统，从革命战争到抗日战争、解放战争，一批批的英雄志士为民族大业献出了自己的宝贵生命。

如今在和平年代，学校里虽然不再出现血与火的战争，但我们的工作同样也可以深刻地体现出教师的奉献精神。

首先，教师要有立足山区教育事业的坚定信念。虽然山区的物质条件、工作环境等方面还很落后，而相对的外面的世界又很精彩，充满着诱惑，但试想，如果人人都想到经济发达地区去工作，山区的孩子怎么办？

其次，教师要有艰苦奋斗的精神。不怕苦、不怕累、不怕吃亏，始终站在工作岗位的最前线。

最后，教师要有创新的精神，在教育工作中不能因循守旧，要另辟蹊径，让学生们掌握更加简捷的学习要领。

作为一名优秀的教师，是用生命在歌唱，用生命在实践，用生命去感染学生，使之动容和钦佩。

闻一多先生在《红烛·序》诗中写道："请将你的脂膏，不息地流向人间，培出慰藉的花儿，结成快乐的果子。"

一个具有人格魅力的教师，一辈子追求的就应该是这种红烛精神，因为奉献是教师的天职！

以身作则，远胜于一切说教

"尊师重道"这一古风，在我国已流传数千年，如果把这个"道"理解为治国之道、安邦之道和民族兴旺之道，那么，也就是说，只有一个懂得尊师的国度才能成为兴盛的强国。

报载，在邻邦日本的农村，地方负责人和老百姓如果在路上遇到了教师。便会侧身立，一鞠躬，道一声："先生好！"老师带领小学生过马路，警察会先敬礼，指挥他们优先通行。

尊师是一种美德，即使学习中有"弟子不必不如师""青出于蓝而胜于蓝"的现象，教师也依然是学生必须尊重的人。

尊师，是每一个人的责任和义务，更是一种品格和道德，而身为教师则更应当一马当先，成为"尊师重教"的典范。

鲁迅曾师从章太炎、藤野先生，而鲁迅的学问、成就远比两位老师高。但鲁迅却抱着"一人师门，终身不忘"的感情，始终对两位老师尊敬有加，执礼甚恭。

英国 19 世纪著名科学家戴维，曾指导过法拉第。后来法拉第的研究发明大大超越了戴维。可是法拉第对恩师的栽培却一直念念不忘，始终认为"如果没有戴维，就不会有法拉第。"

鲁迅的尊师是由衷的，法拉第的敬师也是真挚的，并且，他们对老师的爱戴和尊敬也会随着他们教书育人的生涯延续并传承下去。

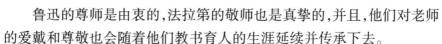

毛泽东之所以知识渊博、学贯古今，因为他是一个最会学习、极肯求师的人。"三人行，必有我师焉"，是毛泽东自幼信奉的名言。

毛泽东尊师的故事，也一直被传为美谈。

毛泽东 8 岁进家乡一个私塾念书，拜毛禹珠为师，一直读到 13 岁。后来，谈起少年时的情形，他还特别感谢毛禹珠先生对他进行的启蒙教育。

1965 年 6 月 25 日，毛泽东回到阔别了 32 年的故乡，他请来了韶山的老人们一起吃饭，席间，毛泽东给毛禹珠老师敬酒。

老人感激地说："主席敬酒，岂敢岂敢！"

毛泽东却说："敬老尊贤，应该应该！"

1937 年，教育家徐特立 60 寿辰之际，毛泽东特意写贺信祝寿。

他在信的开头写道:"你是我20年前的先生,你现在仍然是我的先生,你将来必定还是我的先生。"信中还高度赞扬了徐特立"革命第一、工作第一、他人第一"的崇高品质,并号召全党同志向徐老学习。

徐老70寿辰时,毛泽东又送去了"坚强的老战士"的亲笔题词。

其实,被毛泽东尊称为"老师"的人,除了大家所熟知的毛禹珠先生、杨怀中先生、徐特立同志等几人外,尚有多人。

毛泽东的书法胸纳万有,浑然天成,极为世人景仰,但却很少有人知道,毛泽东能写出这样一手好字,是得益于孙俍工先生。

当年,孙俍工到长沙第一师范任教时,毛泽东是一师附小的一名教员。

一日,毛泽东与孙先生谈起书法:"我觉得行书连笔带草,容易入门,我还想习草书。"

"你这看法可不一定对,润之。"孙俍工纠正说,"其实,行书比楷书、隶书都难。你想想,变化那么多,写起来却不能停顿,是在行笔中完成那么多笔锋的变化的,不容易呀!"

毛泽东频频点头说:"这行书变化如此之多,但不知可有章法可循?"

"有呀!"孙俍工说着在案上铺开一张笺纸,又从笔架上取出一管狼毫,坐端正了,飞快地写道:"疏密大小长短粗细浓淡干湿远近,虚实顾盼错落肥瘦首尾俯仰起伏。"

毛泽东恭恭敬敬地把这"二十八字诀"接在手中,又端端正正地折叠起来,揣入衣袋之中,然后起身告辞说:"与师一席话,胜读十年书。孙先生,感谢您了!"

孙俍工起身相送时,又亲切地说:"依我看,你现在的字是才气有余,功力不足!润之,还是要从练好楷书开始。楷书是基础,基础打不牢,怎能写好行书呢。打个比方:楷如站,行如走,草如跑。你站不稳,怎么能走和跑呢。"

毛泽东果然听从了孙俍工先生的劝告,临起楷书字帖来,平日批改学生作业和给朋友写信,都是一丝不苟的楷体;读书所做笔记和书页天头所做评语,写的也都是蝇头小楷。

毛泽东是极为勤奋用功的人,加上资质颇高,很快就写得一手出色的"行草"了。

1945年8月,为了争取和平,揭露国民党政府假和平真内战的阴谋,团结和教育人民,毛泽东接受了蒋介石的邀请,飞到重庆和国民党谈判。

当重庆的报纸披露这条特大新闻时,孙俍工很是盼望能见到昔日朋友一面,可是却又想,毛泽东现在已经是一位日理万机,肩负亿万人民使命,正在进行命运决战的领袖,如果只是为了叙叙别来私情,这合适吗?况且自己还曾在国民党政府做过事。

孙俍工先生想到这些,心里便暗自叹息,只有作罢。

可不料,这一日,孙俍工先生正在他的寓所内读报之时,一声突然响起的汽车笛鸣打断了孙俍工的思绪。

孙俍工迎出门去,只见一辆军用吉普已在门口停下。车门开处,走下3个人来,一色灰布军装,身材魁伟,气宇轩昂。

孙先生不禁失声叫了出来:"啊!润之……主席!"他朝为首的一人迎了过去。

毛泽东紧紧地握住他的手呵呵大笑,向后面的人介绍道:"这就是我在一师的老师孙俍工先生!"

说着,又指着身旁浓眉大眼、身板结实的一位介绍道:"这是周恩来同志。"

又指着身后那面目清癯、身体羸弱的另一位介绍说:"这是王若飞同志。"

毛泽东握着孙俍工的手久久不放。

3人都说:"孙先生,我们来重庆好几天了,今天才抽身前来拜望,抱歉之至!"

孙俍工先生慌忙把客人让进书房,千言万语,此刻竟不知从何说起了。

只见毛泽东从包里取出一个纸卷,递给孙先生说:"这是俚词一首,自己涂鸦,送与先生。先生看看这字写得有无长进?在一师时,先生教给我的书法要领,20多年来一直不敢忘记呢。"

"太好了!"孙俍工双手接过纸卷说,"主席,你戎马倥偬,日理万机,还能忙里偷闲,不忘书法艺术,真是难能可贵呀!"

纸卷打开了,是一幅横轴。只见满纸笔走龙蛇,字字宛如活物;一片瀚墨淋漓,感觉顿生奇趣。

孙俍工略一端详。不禁忘情地喊道:"好!好!仿古而不拘泥于古!尽得古人精髓,而又能以己意出之!非基础厚实者莫能如此。况由行而草,竟能卓然自树一格,真不简单!"

这横轴,写的就是后来为大家所熟知的那一首"北国风光,千里冰封,万里雪飘……"

主客数人从书法谈到文学,再谈到别来生活情况,又谈到当前国共合作形势……畅叙两小时之久,毛泽东等方才辞去。

过了数日,毛泽东在红岩村举行酒会,又特发请柬,宴请了孙俍工先生。

说起来,孙俍工先生其实只是对毛泽东的书法指点了一二,实在不能成其为正式的老师,但毛泽东却对孙俍工先生如此尊之以礼,足见其尊师之心何等虔诚!

尊师重道,其本质是尊重知识、尊重教育、尊重人才。

对青少年进行尊师重道教育,这是人类生存、发展和社会文明进步的基本需要。而教师则应在尊师重道中以自身的行动为表率,用真挚的尊师之情来感染学生。

孔子把"教"与"政"视为同等重要的事情,主张实行礼义教化。

荀子将"君""师"并称,认为"国将兴,必贵师而重傅"。

韩愈说:"举世不师,故道益离",认为只有尊师重道,社会才能按照"道"的方向发展。

苏轼说:"斯文有传,学者有师。"认为教师对于发展文化、培养人才具有重要的作用。

由于历代都提倡尊师重道、尊师敬长，所以，从古代流传下来的这方面的故事也是数不胜数，如《子贡尊师》《魏照尊师》《李世民教子尊师》《张良拜师》《陆佃千里求师》等。

这些故事生动形象地记叙了莘莘学子不辞劳苦，虔诚拜师的历程，也展示了师者德高望重，悉心育人，传道授业的崇高的思想境界。

而作为教师，在尊师重道的教化中更是担负着重要的责任，对弘扬传统美德起着更大的作用。

毛泽东在师范教书时，不仅能处处向别人学习，而且对那些指点过他的人也总是恭敬地以师长之礼尊之。而后，以一代领袖的身份，他在繁忙的国事中也不忘抽空探望老师，并再次聆听老师的教诲。

一日为师，终生为尊，让人无不为毛泽东对师长的尊重与怀念而感动。

不仅毛泽东如此，周恩来、李大钊、鲁迅等无产阶级革命家也都是尊师重道的典范。他们不仅是人民思想的领袖，也是尊师重道的典范。

有人曾经问过周恩来，你是如何走上无产阶级革命道路的？

周恩来回答说："少年时代在沈阳读书时，得到高盘之先生的教诲、鼓励，对我是很大的促进，在那时便立下了为中华之崛起而读书的目标。"

一日为师，终生难忘。

1951 年 12 月 3 日，周恩来已是新中国的国务院总理，工作繁忙。但当他听说高先生的儿子高肇甫到了北京时，却马上前去迎接，并详细地询问高老师去世的时间，关心地询问师母身体情况。此后，他多次邀请高肇甫一家到北京团聚。

1961 年，当他听说自然灾害后师母一家生活困难，便把自己节省下来的 60 斤粮票托人送到高家。

一次高先生的儿子回山东，总理拿出一个纸盒，说："里面是人参、咖啡和白糖，送给师母补养身体，是我的一点心意。"

当儿子把总理的礼物送到老母亲手中时，老人哽咽着说："这么大的官儿还记挂着从没见过面的我，我真是天下最幸福的人啊！"

1961年,周恩来又将高老师儿子的全家接到北京,并送了很多礼物给高师母,还把高老师50年前送的一张照片放大送给高师母,表现了他对老师的殷切之情。

1962年,周总理给高家汇去100元钱,给师母治病和买补品。

1963年,师母病故时,周总理还亲自给高家写信并寄钱表示哀悼。

身为政治领袖人物,他们对自己的老师们依然谨执弟子之礼;身为学界泰斗,他们虽博学多才,却仍虚心好学,以长为师。

教育是传播知识、创新知识、传递文明、培养人才的有组织、有目的的活动,是崇高的社会公益事业。全社会都应该重视支持教育事业,这是一个国家文明的重要标志。

教育学生尊师重道,其目的是教育学生通过尊师更好地学习知识,学会做人,让他们长大后,在各条战线上都能成为一名尊师重道的劳动者和有道德的接班人。

一名教师要想以自身的人格魅力去感染学生,赢得学生的尊敬,把学生培育为一个道德高尚的人,就绝对不能忘记以身作则。

只有教师从实践中,从行动中懂得"国之将兴,必尊师而重道"的道理,学生才会自觉做到尊敬教师,尊重教师的劳动,接受教师的教导,听从教职员工的管理。

尊师重道,从宏观的角度警示天下的每一位教师:你的一言一行,不仅影响着一个或一群学生的成长,更关系到一个国家的兴衰存亡!

先做朋友,后做师长

自古以来,中华民族最注重师道尊严。但现在从某个角度看,它却成为了一些老师教育学生时的障碍。

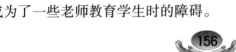

在我们的学校里，老师与学生之间的关系往往是严肃的。也就是说，学生平时的言语、行为必须要表现出对老师十足的尊重，老师在学生面前也要保持着威严——这是没有错的。但问题是，一些老师不想在学生面前"有失身份"，就太过于注重自己的威严了。他们在学生面前不苟言笑，表现出高高在上的姿态，这样，学生就感到与老师有"等级"的隔膜，很难与老师亲近。这种情况加大了学生与老师之间的距离感，结果造成师生间难以在情感上相融，更没有相互之间坦诚的交流。然而，人与人之间的交流，只有建立在平等的基础上，才能达到一个彼此满意的程度。与学生没有很好的交流，老师就很难准确地掌握学生的所思所想，就不会有太好的教育效果。所以，前面提到的"教育障碍"就在这里。

我们在对学生实施教育的时候，要先和学生"平等"起来，消除教育障碍。只有先做朋友，后做师长，我们与学生才能平等相处，我们的教育才能最大程度地被学生接受。当我们和学生多了一种朋友关系后，我们对学生就会多一份理解，学生对我们也会多一份认同，这样，教育就会变得简单得多。

1997年，刚从师范院校毕业的周澜，被分配到家乡的一所中学教书，带的是一个"问题"班级。

周老师第一次上课时，她刚走进教室看到的是这样一个场面：学生好像没有纪律意识，一些学生拥在一起你推我拉；一些学生还在慢吞吞地朝着自己的座位走；一些学生嘴里嘟嘟嚷嚷地不知在说些什么；一些学生坐也没有坐相……

面对这样的班级状况，无奈的周老师只有向其他老师讨教办法，问有经验的老师该怎么办。有的老师说，你以后要对他们凶一点，让他们怕你；有的老师说，他们还小，你多吓吓他们，不要给他们笑脸，拿出你的威严来，不然，他们可要爬到你头上来的。

于是，周老师接受了这些建议，开始效果还不错，但是时间一长，问题就出现了，不仅班级没有管理好，周老师与学生的矛盾也尖锐了。一次,在批评一个学生的时候,尽管周老师的做法没有任何不妥之处,可是,这不仅引起了那个学生的直接顶撞,而且全班同学都跟着起哄。这让她感到:对学生"凶"是管不好学生的。因此,周老师决定融入学生当中去,看看问题到底出在哪儿。

于是,周老师课间有意在教室里多待一会儿,与学生们聊一些他们感兴趣的事;和学生们一起在食堂吃饭,借机与学生们拉家常;活动课上,周老师又和学生们一起打球、做游戏……渐渐地,周老师发现,自己放下了架子,开始和学生们朋友式相处的时候,学生却听话多了。

随着时间的推移,周老师与学生之间的感情加深了。她与学生之间,已经不再是简简单单的师生关系,因为有些学生已经把她当做姐姐了。班级的情况也在不经意中有了好转,很多看似棘手的问题都迎刃而解了。

首先是解决了班级纪律问题。这时,只要周老师做一些口头要求,同学们几乎都能遵守班规班纪。在管理好班级纪律的同时,周老师也在着手解决个别学生的突出问题。

有一个女学生,学习成绩原本很好,可突然间成绩却一落千丈,周老师很想弄清楚问题出在哪儿。

在一次谈话中,周老师先告诉她自己在学生时代的一些"秘密",把自己的"隐私"说给这个学生听。这种朋友式的倾诉,使得这个女生在心理上迅速接纳了周老师,随后也把自己的秘密说了出来。

原来,她在暗恋邻班的一个男孩,男孩却不理睬她——她为此非常苦恼,常常在上课时精神恍惚,因此成绩一落千丈——面对坦率的老师,她也坦然地说出了自己的困惑。

知道原因后,问题的解决似乎变得很简单了。周老师对她说:"我理解你,我也体验过喜欢一个人而不被理睬的感受,但做朋友是两方共同的愿望。"

听了周老师的话,学生开始沉思起来。周老师知道,学生觉得自己的话有道理。周老师接着说:"感情不能一厢情愿,要把感情做两种处理:一是丢掉,一是珍藏。你觉得自己已经很成熟了吗?你能确定将来的想法与现在还会一样吗?"

……

就这样,这个女生默默地接受了周老师的教导。周老师最后说:"任何感情都是要经得起推敲的,我觉得中学生之间保持过分密切的交往是不合适的,更不宜谈恋爱。"

过了不久,这个学生主动找到周老师,说自己已经想通了,她还没有真正的成熟起来,现在最主要的任务是搞好学习……

对于问题的解决,往往是得益于方法。周老师还是一个善于用方法解决问题的老师。

学生小杰生活在一个单亲家庭,性格内向,不愿与别人交朋友,加之学习成绩差,便产生了严重的自卑心理。周老师多次与他促膝谈心,但效果不是很理想。

通过深入调查,周老师发现小杰特别喜欢踢足球。于是,周老师便找机会与小杰一起看足球、聊足球,俨然一对知心朋友。慢慢地,小杰敞开了心扉,开始把心中的不快向周老师倾诉。周老师积极引导小杰从自卑的阴影中走出来,并在学习、生活上给予他悉心的关爱和帮助。过了一段时间,小杰不但性格开朗了,学习成绩也有了很大的提高,而且时常打电话和周老师进行思想沟通。每次在挂断电话的时候,小杰都会在电话的那边真诚地说一句:"谢谢您,老师!"

像学生早恋问题的处理,问题学生的转化等,常常都是老师们难以解决的问题,但周老师解决起来却显得那么的简单。事实证明,教师和学生做朋友,不仅能解决班级管理的问题,更能赢得学生的尊重,学生不但没有"上她的头",反而变得更听话了。

周老师认识到:每个学生都有一定的封闭性和开放性,他们的心扉总是对大多数人关闭,只对少数挚友开放。老师和学生只有成了朋友,教育的问题才会很快得到解决,师生之间的矛盾才会很快得到消除。周澜老师和学生成为朋友后,和学生之间就在某种程度上"平等"了。在学校里,学生就会把她当做倾诉的对象;学生在遇到困难时,就会主动向她寻求排解。因此,在与学生交流的过程中,周澜老师非常注重用真诚与理解去温暖学生的心,努力去做学生所信赖的挚友。这种对待学生的方式,使得更多的学生向她敞开了心扉。

周老师的亲身经历证明:老师把自己的位置摆放得越高,他在学生心中的位置就往往越低。当老师俯下身来,让学生感受到他的体温,听到他的呼吸时,学生往往会对其热情相拥。

周老师的事例告诉我们,和学生有什么样的关系,决定了我们有什么样的教育效果。

很多人会觉得,老师与学生自然是师生关系。这是肯定的,但老师不能仅用这种关系与学生相处,而应该先和学生做朋友,然后再做学生的老师,这样才能教好学生。

当初,周老师听从了同事的建议,希望用自己的威严约束学生,结果不仅没有改变班级现状,反而使情况变得更糟糕。

古语说:"严师出高徒",和学生交朋友,那不是尊卑不分吗?那样教育出来的学生还会没有问题?其实不然。这也不难理解,如果老师和学生是纯师生关系的话,就注定师生间的关系很难融洽,老师在教育学生的过程中就会遇到很多阻碍。因为一提到"老师"这个字眼,学生便容易想到等级、严厉等带有"独裁"意味的字眼,无形中让老师与学生之间有了一层隔膜。学生先前对周老师的顶撞和班级学生的起哄,其根源就在这里。

如果老师和学生之间多一种朋友关系,就会削弱教师在学生心理上的压迫感,更会给学生树立"民主、平等"的意识,两者之间就会显得亲近。周老师能很快地让那个早恋的同学转变过来,就是因为师生间平等的关系让她敞开了心扉,这让周老师准确地找到了问题的所在。如果周老师高高在上,任何一个学生也不会把这样的隐私告诉一个与自己有着隔阂的人。老师找不到问题出在哪儿,就无法帮学生解决问题。因此,作为一个新时代的老师,与学生做朋友才会产生真正的和谐,学生也才能有一个畅所欲言的成长环境。

在处理小杰的问题时,周澜老师没有简单地对他进行说教,而是先想办法成为小杰的玩伴,然后才去解决问题。

周老师像朋友一样对待小杰,让师生之间有了朋友与朋友之间的平等。这样,小杰才对她敞开心扉,和她无话不谈。这种做法不仅解决了小杰的问题,还赢得了小杰的尊重。

在实际教学中,老师往往很难明白究竟怎样与学生相处,才能做到最为合适的平等。太随意、太温和地对待学生,往往会让自己没有威信,这是我们讲平等过了头;太严、太传统地对待学生,往往会让学生变得压抑、胆怯和叛逆,这是我们管教过了头。所以说,对待学生能做到不温不火是最好的,而这也是老师最难做到的。因此,师生之间有没有良好的关系,关键还是取决于老师自己。

首先,老师要把学生看成朋友。在与学生交往的过程中,教师要用对待朋友的方式对待学生。这要求老师放下架子,在自己说话的方式上、对待学生的心态和处理学生问题的技巧上,要让学生感到老师没有居高临下地对待他们。比如,老师在和学生交流时,多用商量的口气,就是批评也多用建议的口气等。

其次,让学生学会尊重。把学生看成朋友的同时,为了不让学生变得骄纵,老师一定要让学生学会尊重他人,包括同学和老师。当学生知道了尊重后,他也就会知道把老师放到一个什么样的位置上了。

总之,如果老师用对待朋友的态度和方式来对待学生,就会减少许多师生之间的矛盾,并能轻易化解矛盾,也就能教育好学生。学生在悲哀、痛苦时有人安慰;在焦虑、愤怒时有人平息;在自责、羞愧时有人理解……这时,站在学生面前的老师,不仅仅是一个传道、授业和解惑的师长,而且还是一个能让学生推心置腹的知心朋友。

惩戒需要凭借爱

体罚是指对人身体的责罚,特别是对他人身体造成疼痛,以此来进行惩罚或教育的行为。我们绝对反对体罚,一是因为在对学生的体罚中,往往附带了老师内心的愤恨与恼怒,体罚的动机不纯;二是因为学生在受罚的过程中,受蔑视、受残害的成分很大。这样的做法对学生仅仅是一种威吓和折磨,而不是在教育学生。因此,我们大力提倡激励、赏识的教育方式,强调以平等的姿态和学生对话,尊重学生,给学生创造一种宽松自由的成长环境。

可是,一些老师因为害怕触及"体罚"这根火线,就过于强调激励和赏识了。他们只说学生的好,对于学生的过错常常避而不谈,更不给予纠正,在无意中任由学生错下去,好像这样就是有效的赏识教育。

就此,《中国教师报》有篇文章这样写道:"学生犯了严重的错误,教育离不开惩戒。现在,社会上的多数人认为惩戒就是体罚,正当的教育也变成了体罚。其实,教育的惩戒和体罚是不同的,教育的惩戒首先是教育,其次是体罚。……只要学校或教师对违反校纪校规的学生处理得合理合法,让他们的身心感到痛苦,但又不损害他们的身心健康,都应是合理的。"

一个老师在惩戒学生的时候,应该注意这样几个问题,一是在什么时候,惩戒才是必要的? 二是老师凭什么惩戒学生? 三是怎样的惩戒才最有教育效果?

惩戒是教育不可缺少的手段,所谓"玉不琢不成器"。为此,教育部有关部门及时提出:正当惩戒学生不属体罚。应正确区分,合理运用。

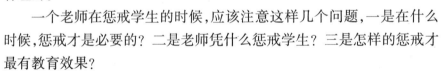

吴大定是上海某跨国公司执行董事,在回忆他的中学老师张光玉时这样说道:"也许,在这个世界的其他地方,也有威信极高而能让所有的学生都敬畏如神的老师。但在严禁体罚的今天,肯定不会有哪位老师会像张光玉老师那样,不论他如何惩戒学生,都能让所有的家长和学生服膺。"这是一个学生对他的老师发自内心的评价。那么,张光玉又是一位怎样的老师呢?

张光玉老师,现任安徽省级重点中学霍山一中的校长。在霍山,提起张光玉老师,熟悉他的人无不交口称赞。在工作中,张老师能融入学生中去。对待学生,在学习上,他严格要求;在生活上,他非常关心。为了让学生能全身心地投入到学习中,他常利用休息时间走访学生家庭,掌握了每个学生的家庭状况,及时给予一些学生必要的关爱。每当有学生病了,不用说,他总是亲自带学生去就医;对于家庭贫困的学生,张老师总是在生活上给予极大的支持;对于所谓的差生,他从不嫌弃,总是从细微的生活小事入手,给他们更细致、更深入和更实际的关怀。

张老师用满腔的爱去关心每一个学生,爱护每一个学生,滋润每一个学生。张老师纯洁而高尚的师魂,获得了所有学生及其家长的信任和尊重。而吴大定想起张老师时,在心里总会有着与众不同的感受。

那是在1993年,吴大定还是张老师所在学校的学生。在高考中,他以2分之差名落孙山。因为当初在学校时过于顽劣,他没有再去复读的勇气,决定放弃复读。可吴大定年迈的父亲希望他能上大学,因为这是一个农村孩子唯一的出路。父亲无法改变倔强的吴大定的决定,就是七姑八婆都来劝说,大定依然固执己见。

父亲无奈之下,听说学校有个叫张光玉的老师,是学校的副校长,学生们都很“服”他。更巧的是,张老师也将担任复习班的班主任。于是,吴大定的父亲就决定去找张老师,看看他能不能说服儿子复读。当父亲向张老师表达了自己的意愿后,张老师告诉父亲让吴大定在三天后到学校找他,他要亲自和这个学生谈谈。

虽然张老师没有教过吴大定,但吴大定对张老师却早有耳闻。在学校里,张老师是最受学生喜欢和尊重的。

三天后,吴大定如约而至。当他推开张老师办公室的门的时候,迎接他的竟是张老师的一记耳光。张老师似乎还不解气,还狠狠地推了他一把。

事情的发生在大定的意料之外,这使得原本脾气暴躁的大定一时没有了任何反应,他呆在了那里。

按理自己已经毕业了,就是还是学校学生,张老师也没有理由去打他。正在吴大定不知所措的时候,却听张老师对他喝道:“你给我跪下!”

这时的吴大定才有了反应,恼火地问道:"你凭什么这样做?"

"就凭你那2分。"张老师几乎是在吼。

听了张老师的这句话,吴大定又愣住了。张老师接着说道:"你知道吗?作为学校的副校长,我很欣赏像你这样有个性的学生。在我的内心里,对你另眼相看,寄予厚望。你在校的时候打架,欺负低年级的同学,我从没有亲自找过你。因为我知道你很聪明,想你应该知道自己怎么做才是正确的,也一定能考上你理想的大学。可是,结果怎么样?就差那2分。当时你要是能稍微收敛一点,高考的时候,可能就会多出10分。这样就不会让你父亲伤心,让我们失望。你不是对不起我,你是对不起你自己和你年迈的父亲。你就是天,我也要揍你。你给我跪下,好好想想!"

张老师说完,拉开办公室的门自己出去了,把吴大定一个人关在了里面。

10分钟以后,张老师回来了,却看见吴大定跪在了那里,两眼还含着泪水。他走过去一句话没有说,扶起了吴大定。接着,张老师还给吴大定倒了一杯水,并拿毛巾亲自给他擦了擦泪水。

……

第二天,吴大定来到了学校。

在复读的这一年里,张老师经常找他促膝谈心,和他用心交流,关注他的学业进步和思想动态;在生活上,张老师也及时地给予他帮助。吴大定就像被施了魔法,与从前大不一样了。第二次高考,他以优异的成绩考入了南开大学,随后留学日本。他成了那所中学最有出息的学生之一。

原来,当吴大定的父亲找到张老师的时候,其实张老师对吴大定了解的不是太多,因为学校的班级太多了,自己也没有教过吴大定,只是听说过吴大定在学校时的一些坏情况。得到大定父亲的请求,他马上到吴大定原先的班主任那里了解具体情况。班主任告诉他:"吴大定的母亲死得早,一直和父亲生活。因为是单亲家庭,条件也不好,这个学生有明显的自卑和叛逆心理,在学校一直喜欢打架闹事,更没有把全部心思用在学习上。但他基础好，人也聪明，成绩还不算差。另外，这个学生虽然对老师不太尊重，但对含辛茹苦把他养大的父亲却十分孝顺。他不再想复习，其中也有不想让父亲再受累的因素。"

最后，班主任还提醒张老师：最好不要再让他来复读了，因为在校的时候，吴大定就惹出很多乱子，还与某个老师发生过激烈冲突，这样的学生是无法管教的。

在了解了吴大定的情况以后，张老师没有听从那位好心老师的话，而是决定让吴大定来复读，并用非常规的办法让他改变以往的恶习，专心学业。

国家法律法规是严禁体罚学生的，在这样一个环境下，张老师如此对待吴大定，包括当事人在内，没有引起任何人的非议。后来，知道这件事的老师开玩笑说："张老师的巴掌很神奇，一记耳光不仅扇掉了吴大定的坏毛病，还把他扇进了南开大学。"

其实，张老师对吴大定同学的这种做法，只是一种惩戒而已。张老师是凭着足够的人格魅力，以爱为前提，让吴大定信服的。对张老师而言，他用自己的言行，得到了学生的普遍尊重，学生认可他了，张老师才用这种方式去惩戒吴大定。对于吴大定而言，张老师采取了"刚柔"并举的办法，这里的"刚"就是惩戒，"柔"就是爱心。这样，才使得吴大定有了彻底的改变。张老师对吴大定的惩戒，是在对他惩罚警示的同时，更多地给予了他一种激励。

在现实中，我们要分清惩戒与体罚的不同。体罚是对学生身心健康损害的侵权行为，它包括体罚和变相体罚，即"体"罚与"心"罚。法律上不仅明确规定了禁止体罚，而且对教师体罚学生应承担的法律责任都做了规定。体罚不仅是被严格禁止的，更是违法的。惩戒是指"施罚让犯过者身心感觉痛苦，但不以损害受罚者身心健康"为原则的一种惩罚方式。

区分体罚与惩戒的关键在于是否损害了受罚者的身心健康。按道理说，张老师这种打学生的教育办法是任何人都不会赞同的，但张老师认为,如能改变一个学生,又不会给学生的身心留下不良影响的话,这样的方法为何不用呢?

其实,张老师对吴大定的责罚不是随意的。可以说,并不是任何老师都可以对学生施以惩戒,惩戒也并不是对任何学生都有效果。

我们仔细分析张老师的做法后发现。表面上张老师使用的是"暴力",其实更多的是一个老师在施以爱心。更特别的是,在张老师的手里,惩戒成了爱的载体,能神奇地把他的那份爱放大很多倍,并让固执的吴大定感受到他的爱。

很显然,要改变吴大定,不仅要让他来复读,更要让他改掉先前的一些恶习。这其中的关键,就是要找到最能触动吴大定内心的地方。

惩戒一定要触动到学生的内心,才能让学生对以前的过错幡然悔悟。如果学生感受到的惩戒仅是皮肉之苦,他就会"好了伤疤忘了疼",收不到教育的效果。这样的惩戒只是对他身体的摧残,就是老师再有爱心,学生也会认为老师是在发泄自己的情绪。

那么,这个有效的触动点在哪里?用什么来触动和怎样去触动成了改变吴大定的最大问题。张老师正是把握准了这三个要素,才使得他的惩戒有了立竿见影的效果,而且对学生丝毫没有负面影响。

像吴大定这样的"坏"学生,老师们常常不会对他有好印象,更缺少对他的关注和赞赏。生活中母爱的缺失,让吴大定产生了一定的自卑心理,他觉得别人瞧不起他。于是,张老师用"我就对你寄予厚望""我知道你很聪明""一定能考上你理想的大学"等这样的语言来迎合吴大定的心理需求。张老师的这些话让吴大定感觉温暖,他在听完这些后自然会想到:"原来副校长这样关注和认同我呀。"这给他自卑的心理带来极大的触动。同时,这也给吴大定带来自责:"校长对我这样的欣赏和关注,我却令他失望了。"

但是,如果校长仅用语言来对吴大定说,自己对他"曾经给予厚望",是不会令一个十七八岁的学生信服的,反而会让吴大定觉得张老师的话有些虚假。因此,张老师上来就给他一个耳光,再加上一个传统家庭式的责罚——要他下跪。

吴大定明白,自己已经不是学生了,就是还是学生,老师也不该打自己呀,还要下跪? 这让吴大定找不到任何理由。意外越大,给人带来的冲击就会越大。这种"冒天下之大不韪"的做法,使吴大定自己去寻思张老师打他的理由:张老师是全校最好的老师,又是副校长,对任何学生抱有期望也不难理解,能揍自己,可能是"爱之深、恨之切"的原因。这样,吴大定反倒不会在意张老师打他的那一记耳光了,内心不仅多了一份感动,更对张老师曾对他的关注深信不疑。再加上张老师说他"对不起年迈的父亲",又让吴大定心里多了一份愧疚。因此,这种惩戒对吴大定来说非常有效。

张老师用一个巴掌和一个非常规的要求来惩戒学生,给吴大定带来了触动。正是这些触动,才使得他成了才。

其实,不是惩戒的皮肉之苦改变了吴大定,而是包含在惩戒里的爱,让吴大定变成了一个优秀的学生。后来张老师还调侃说:"当时他要是跑到法庭告我殴打他,我这副校长的脸面就没有了,中国也会少了一个优秀的企业家。"转而张老师强调说:"其实,我打他也是'雷声大雨点小',不会伤到他皮毛的。只是对待这样的学生,就要下点'猛药'。当时,我的这种做法有没有效果,就看他会不会自己跪下。他跪下了,说明他已经认识到自己的错误了,对自己的学习也下了决心了。"

现在,教师越来越难做,学生越来越难教,这是一些老师的感慨。教师一方面要面对越来越大胆调皮、越来越难以管束的学生,另一方面对这些学生又感到束手无策。我们从实际情况出发,在惩戒学生的同时,一定要让爱融到惩戒中去。这样,才能保证对学生的责罚不伤及到他们的身心。正如张老师对学生的惩戒那样,他一是凭着自己良好的师德,二是巧用惩戒的技巧,而这两者都是用爱贯穿其中的。

惩戒需要凭借爱。这样的惩戒既能教育好学生,又能保证不会有体罚的情况出现。一个缺乏学生尊重的老师,就是对学生施以合理的惩戒,学生也不会接受的;而一个缺乏爱心的老师,很难对学生施以恰当的惩戒。因为惩戒的效果不是在于惩戒本身,而是取决于惩戒者用德行对那些被惩戒学生的感染,这是能施以惩戒的最大前提。

相信你的学生

有这样一个名词,现在被众多的教师和家长所接受,这就是"代沟"。许多人认为代沟其实并不存在,而身在第一线的教师们却时时刻刻深切地感觉到它是那么的不可逾越。

代沟,简单地说就是一种分隔,形容两代人——对于学校教育来说,就是教师和学生——之间互相不能理解,互相无法沟通而产生的隔阂或鸿沟。

理解的手段在于沟通,而沟通的基础则在于信任。所以,代沟中的种种问题和事端,无非是一连串的不信任,甚至是怀疑或猜忌罢了。

正如许多人所理解和期望的那样,代沟本不该存在。但是,它却偏偏存在,而且还广泛地、根深蒂固地存在。这其中主要的原因,就是教师对学生的不信任。

误解、错怪、怀疑、猜忌、调查、跟踪、防范、侦察、反侦察……这些曾经用来对付敌特的态度和手段,现在却成了很多教师的掌上法宝。

于是,教师和学生之间便展开了一场没有硝烟的战争——教师不信任学生,学生也不信任教师,而且会想方设法对付教师、欺骗教师。

这种内耗,不仅耗费了教师的体力,分散了学生的精力,最为严重的是,教师和学生之间已经人为地形成了一条不可逾越的代沟,严重地影响了学生身心的健康发展,甚至会影响学生今后的成功和幸福!

试想,从一个不被信任的环境里走出来的学生,他又怎能信任别人或者被别人信任呢?

对于任何一个教师而言,学生不是阶级敌人,不相信学生,就是不相信自己。这种情况是教师缺乏教育方法、不懂教育技巧、不自信的表现,更是教师缺乏人格魅力的一种外在表现。

信任你的学生,可以让学生从另一个角度感受到你的教育,可以用你的魅力架起师生之间沟通的桥梁,从而收到事半功倍的教育效果。

李陌生是江西鹰潭一中最优秀的老师之一。李老师有双点石成金的手,很多基础薄弱的学生,在他的门下都能走进高等学府,一些调皮捣蛋的学生总能在他的班里浪子回头。有人问他:"在教育战线上你是凭什么取得成功的?"他的回答出人意料:"凭信任,是信任架起了通往学生心灵的金桥。"

这是一个学生家长讲述的故事:

儿子进入高中后,告诉父亲学校要分文理科班,他要报文科。父亲问他为什么不选择自己喜欢的理科而选择文科呢?儿子说:"老师说我缺乏逻辑思维,学理科没有考大学的希望……"

显然,老师没有重视儿子对理科的偏好,老师的判断影响了儿子的选择。儿子硬着头皮进了文科班。但不到半年时间,儿子对他说:"爸,我不想再读了,我不喜欢历史和地理……"可事已至此,作为父亲的他也毫无办法。他没有同意儿子的想法。

就这样,儿子在学校度过了最难熬的一年。

第二年,由于自己工作的调动,儿子进入了鹰潭一中就读。随后,父亲按照儿子的意愿,让他进入鹰潭一中转入理科班学习,班主任是李陌生老师。让儿子半道改变学科,做父亲的其实对儿子的学习已经不抱太多的希望了。

果然,进入鹰潭一中没两天,儿子就对父亲说:"物理公式记不住,很多数学习题我都不会……"第一次数学考试儿子只得了50分。

不久,似乎奇迹发生了。儿子传来好消息:在一次数学知识点测验中首次得了90分!

原来,儿子进学校不久,班主任李老师就了解了他的情况。他对儿子说:"以我多年的教学经验判断,你很有数学头脑。现在你的基础是差了些,但我相信凭借你聪明的头脑和不懈的努力,一定会把成绩提上来的。"李老师十分相信儿子对自己的判断,他在给儿子打气。

得到了老师的信任，儿子学习更加努力了。在李老师的辅导下，他的成绩很快就提高了。现在，儿子是华东师范大学数学系的学生了。

对待学生，李老师总是把信任放在第一位。他说："对学生没有了信任，你对他的教育就失去了基础。"学生小雨的故事更是李老师对学生信任的杰作。

"李老师，小雨可能拿了家里的 1000 元钱。"小雨的爸爸找到李老师说。因为小雨不予承认，所以他非常希望能通过李老师的教育，让小雨把钱拿出来并认识错误，改正错误。

放钱的地方只有家里人才知道，门锁是好的，父亲就肯定是小雨拿的无疑。父亲竟然拿儿子毫无办法，来求助于老师。

看着这位父亲求助的目光，李老师感到责任重大。

的确，小雨是个调皮的孩子，成绩也不好。在班里，相对于其他同学来说，他算是一个"坏学生"，李老师正在想改变他的办法。

对于这位父亲的判断，李老师没有完全相信。他送走了这位父亲后，没有马上找小雨谈话，而是对小雨进行深入观察。一般来说，学生偷偷拿了家里的钱，一定会去消费，可李老师通过几天的观察，发现小雨并没有大肆消费的现象。

三天后，李老师把小雨的父亲叫到了学校，同时，他也把小雨叫到了办公室。在这对父子面前，李老师直接对小雨父亲说："前几天你说小雨拿了家里的钱，你向我说了以后，我根本就没有询问小雨关于拿钱的事，因为我相信小雨不会做出这样的事。今天让你来就是告诉你，小雨没有拿家里的钱，你应该比我更相信你的儿子。"

听了老师的话，眼泪从小雨的眼角淌了下来。几天以来，父亲一直在向他追问钱的去向，老师的话终于让他从父亲喋喋不休地追问中解脱出来。

没过几天，这位父亲打来电话说钱找到了。原来，小雨的母亲把钱放到了箱子里的一件厚衣服中，后来忘了，就以为是小雨拿了。

拿钱的事情发生以后，或许是老师的信任给小雨带来了感动，小雨和李老师亲近了很多，还一改以前的表现，变得听话了。李老师给他指出的缺点,小雨都一一改正;李老师提出的要求,他也都坚决做到。

比父亲更相信学生,这就是李老师对学生的信任。正是这份信任,改变了小雨。在李老师看来,信任,可以拉近师生间的距离;信任,能触及学生的心灵。

数九隆冬,学生阿强的晚自习辅导常常不能按时参加。每次李老师问他原因,他总是说自己病了。

李老师知道,他的父母在多年前感情不和,给他的心灵带来过伤害。他由此放弃过自己,常常和朋友夜里出去喝酒、玩通宵,结果伤害了身体,常常生病。晚上不上自习往往与此有关。

十七八岁的小伙子,心理上已经接近成年人,有着自己独立的思维方式,但是在情感方面还比较脆弱和敏感。平日里阿强在运动场上虽然很活跃,但是在老师面前很沉默,甚至是回避,他有意封闭着自己的情感世界。

在李老师的心里,从来没有认为阿强是个坏学生,他相信阿强会转变过来的。

阿强的转变是在一个深夜,缘于李老师的一个电话。

一天晚上,阿强的位置又是空的,一问又是病假。处理好其他的事情,李老师回到家时差不多十点了,心里还惦记着生病的学生,他相信阿强是真的病了,就赶忙给阿强家里打了个电话。

电话那头传来无精打采的声音,李老师知道是阿强了。家里父母亲都不在,他一个人躺在床上,没人照顾,没人关心。听到这些,李老师心里酸酸的,但李老师控制着情绪,温和地询问阿强的病情。

刚开始,阿强依然怀着戒备的心理,勉强答复着。李老师把话题转到阿强平日的喜好——电脑游戏上。提到电脑,阿强的兴趣高了许多,话题慢慢从电脑游戏谈了起来。李老师感到,阿强对网络有很好的了解和掌握,就连声称赞他网络知识丰富。李老师对待网络游戏的理解和肯定的语气,让阿强防备的心理缓和了不少。

出于信任,李老师又问到他对班级情况的看法。阿强很大方地说出了自己的意见和建议,还谈到了班里同学们的纪律情况。

李老师知道阿强对数学还有兴趣,而且基础知识不是很差,资质聪慧,控制力比较强,自学能力不弱。由于阿强已经慢慢地接纳了李老师,李老师便趁热打铁鼓励阿强说:"愿意把班里参加数学竞赛的名额给他,让他去参加数学竞赛,并表示很乐意帮助他辅导落下的功课。"看到李老师对他的信任,他欣然接受了这份挑战。

就这样,李老师和阿强通了近一小时的电话,用信任打开了阿强封锁的内心。没想到,这竟然成了阿强转变的开始。

后来,阿强的学习态度发生了很明显的变化,不仅改掉了以前上课常常迟到、睡觉的坏习惯,也能按时到校上课、上自习,课堂学习注意力也集中了,整个人的精神面貌好了许多。

李陌生老师正是用对学生的信任,激发出了学生的潜能,从而在教坛上开辟出了一片属于他自己的新天地。

从心理学的角度分析,信任来源于对对方不采取机会主义和败德行为的信心。当然,与其说是信心不如说是赌注,没有人知道,别人到底会不会利用自己的信任来欺骗或是伤害自己。因此,愿意信任别人的人是承担着一定的风险的,这不仅需要一种宽阔的胸怀,更需要一种勇气。

一位教师如果敢于对学生抱有信心,尤其是对能力并不突出甚至是信用度不高的学生怀着巨大的信任,愿意相信学生,就说明这个教师的心胸和勇气都是值得赞赏的,是位人格高尚的教师。

什么样的教师会让学生一辈子感激,一辈子难以忘记呢?

不是那些以刺激学生脆弱的心灵来促使他们"觉悟"的教师;也不是那些动辄冷言讥讽,孤立学生,让他们早早体验"师心"冷暖的教师;更不是那些将分数凌驾于一切之上,将学生分成三六九等的教师。

这些教师在学生的心里往往会留下伤痕,更可怕的是,这种伤痕将会在学生的一生中如影随形,甚至会让他们不再自信,不再开朗,不再接受爱,也不再懂得付出爱。

真正让学生难以忘记、终生感激的,是那些对他们信任的老师! 因为信任是对一个学生人格的肯定。

从李老师的故事中,我们读到了一种温暖。丝毫不用怀疑,这些学生将会在心里一辈子感激他。而且,如果以后这些学生选择做一名教师,他们一定会懂得把这种爱和信任传递给他们的学生。因为爱是可以繁衍的,信任是可以延伸的。

信任就是一种真诚的鼓励,而鼓励则是提携和推动的巨大力量。

没有信任,尽管你对学生用心良苦、恨铁不成钢,却也只能导致徒劳无功,甚至适得其反。因为学生也是独立的人,有感情,需要被人尊重和信任。他们会被信任感动,也会被怀疑刺伤。

美籍华人刘墉在美国任教时收到一个学生交上来的作业,字迹潦草,但却别有一种风格。刘墉给这个学生批了个 A⁻,并鼓励他继续练习。终于,这个学生在书法比赛中拿到了大奖。

忆及过去,刘墉这样感慨:"信任,是多么重要的一件事。信任学生的教师,能把每个学生都调教成天才!"

学生一般都具有渴望得到教师的信任、理解的心理需求。随着他们年龄的增长、交往范围的扩大和个体意识的增强,他们自我表现的欲望和自我荣誉感也会随之增强。而教师,首先要做的,就是保护好学生的自尊心和自信心,并加以正确的引导。

都说现在的学生难以调教,现在的学生不上进,那是因为身为教育者的我们,忘了给学生信任这一催化剂。正是由于现在不少教师所谓的"不放心",以致他们常常对学生指手画脚,横加干预,才让学生失去了积极性,甚至还产生了依赖心理。

教育,须是情感的教育,需要用爱心、信任去激发。信任,是师生之间互相尊重、平等相待的一种体现。

信任,是一种约束,也是一种激励。

教师只有尊重和信任学生,才能充分调动学生的主动性、积极性,才能激发出学生上进的动力;只有尊重和信任学生,才能让师生关系更加融洽,才能及时掌握学生的思想脉搏;只有尊重和信任学生,才能让学生产生"期望效应"。

而相信学生是"信任"二字的前提,教师要相信每一个学生,相信他们都有各自不同的优点,相信他们在各自的基础上都会有所提高,然后给予应有的信任。

天才其实并非是才华横溢,天赋极高,被上天或命运选择了的人。当你深入了解很多天才之后,你会发现,天才的学生时代,都曾遇到一个或者几个永远相信他们、支持他们的教师。正是因为这些教师,他们才走到了今天。所以,也可以说,天才并非是被命运选中的人,而是被教师选中的人。

教育是要相信奇迹的,而每一个学生都可能是你手中的一个奇迹。一个人的一生有无数种可能,绝世佳作在开篇往往平凡无奇甚至不尽如人意,可是,它最精彩的地方恰恰在开篇之后的无法预料中。

你要相信,你的每一个学生都可能是天才,他们在期待有一天你也能给他们信任的教育,教他们认识自己作为个体独特的价值。

我们应该让每个学生都成为你信任的人,相信他们,相信他们一定能行!如果你也爱他们的话!

据中小学学生的心理调查表明,受学生欢迎和尊敬的教师都是信任学生的。对学生过分管束、不信任和疾言厉色、动辄训斥的教师则最不受学生的欢迎。

苏霍姆林斯基说过:"信任才能换得信任。"教师要想得到学生的尊敬和信赖,就必须先尊重、信任学生。只有用自己对学生的信任,才能换取学生对自己的信任。

作为一名教师,要想信任学生,首先要树立正确的学生观,要认识到每个学生都是不同的个体,每个学生都有其自身的闪光之处。教师应该对他们一视同仁,挖掘其优点,并给予高度的赞赏和信任。

其次,我们要尽量多教学生一些生活和做人的基本技能和常识,同时,也应该大胆地信任学生,给他们做事、做主的机会。

要相信学生有独立处理事情的能力,并尽可能地支持他们,尤其在他们遇到困难、失败的时候,教师应鼓励、安慰他们,帮助他们分析事理、明辨是非,并正确对待失败。

信任学生,是做一个教师的基本要求。当教师不能充分给予学生信任和支持的时候,这位教师就是不合格的、不称职的。

教师的信任,是一个学生健康成长所需要的阳光。得不到教师信任的学生是不幸的,犹如生长在黑暗中的花朵,永远不能开放。他的学生时代,甚至整个人生将永远的暗淡无光。

教师,请信任你的学生吧,让他们脚踏实地站立在信任的土地上,给他们温暖的阳光,让他们像小树一样茁壮成长!

永远给学生开一张优点单

心理学研究表明:人在受到赏识的时候工作或学习,效果最好。学生一旦受到了赏识,无论对于眼前的学习还是日后的长久发展,都是大有裨益的。

一位老师对学生"爱"的表现就是信任和赞赏,无论他是个什么样的学生,无论他多么的顽劣,他都有权利得到老师的爱和表扬。

曾经有一个学生抄袭作文,屡禁不止,他的老师为了改掉他这一毛病,没有对他进行责骂和呵斥,而是对他提出了"表扬"。

如果你不清楚这件事情的原委,肯定要认为这是无稽之谈——一位老师在面对学生这样明显的错误时,即使不会严厉地批评一顿,也应该是严肃地教导一番,怎么还能表扬呢?

可是,当你知道了这位老师是如何对学生进行表扬之后,你就一定会大加赞叹了。

这位老师从抄袭作文的事上,肯定了学生的三个优点:一是有上进心,想得个好成绩;二是有辨别力,看出这是一篇佳作;三是抄写认真,字迹工整。

同时,这位老师还不失时机地启发学生说:"你为什么认为这篇文章好？好在哪里？请你把感受最深的地方写出来,好吗?"

这样的和风细雨,这样的善解人意,哪个学生还能不心悦诚服呢?哪个学生能不喜欢这样的老师呢?哪个学生不愿意听这样的老师的话呢?

表扬学生,赞赏学生,用放大镜来关注他们的优点,并公布于众,从而激发他们的自尊心和自信心,转化他们的缺点,这样的教育手段可谓是高明至极!

要播撒阳光到别人的心里,先得自己心里有阳光;要想真诚地表扬学生,教师的心中先要有浓浓的爱与欣赏。

一位懂得去爱学生的老师,才会得到学生更深沉的爱;一位懂得欣赏学生的老师,才会教育出杰出的、有用的人才。

赏识,就是教育者倾注在学生身上的希望;赏识,就是教育者的一种宽容和博大;赏识,就是教育者高尚人格的外在表现之一。

舒启国老师刚参加工作时,在武汉二中这所很有名气的中学初中部任教。他带初一(2)班的数学兼班主任。班里有45个学生,和很多重点中学的学生一样,学生都很听话,学习也比较努力。其中的小瑞同学也不例外。

小瑞个子不高,瘦瘦的,一副精灵古怪的样子,成天嘻嘻哈哈的,偶尔还喜欢做些恶作剧,常常让初为人师的舒启国老师哭笑不得。但是这却能让舒老师感到很欣慰,至少说明他班里的学生是活泼自信的——这对学生来说很重要,因为班级氛围的好坏对学生的学习至关重要。

那一年年底,舒老师被调去教高中部的数学。转眼两年过去了,或许是缘分,上了高中的小瑞和他的同学一起又被分在舒老师任教的班上了。小瑞长得比以前更英俊了,而且很有礼貌,在课堂上他总是很认真听讲,也不像以前那么爱做恶作剧了。

可是,在上了一个星期的新课后,舒老师突然感觉到小瑞有一点不对劲,他仿佛变得没精打采了,回答问题不再那么积极,有时一副欲言又止的样子。

接着,舒老师又发现全班同学也都像小瑞一样,好像都很疲惫,而且烦躁不安,注意力总是不能集中在课堂上。

这是为什么呢?

这天放学后,舒老师追上正在等校车回家的小瑞:"小瑞,最近发生了什么事吗?你们这是怎么了?好像做任何事都在应付。"

"我不知道,舒老师,好像……好像一切都不太好。"小瑞嘟囔着。

"不太好?你是说什么不太好?"舒老师十分不解地问。

"呃,一切,一切都很糟。我上高中以后,困难越来越多,我根本不知道该怎么去学。"

"我也有感觉,我们越长大越糟糕,我们觉得自己太差了。"旁边和小瑞同行的一个同学用同样的口气补充道。

"噢,是这样吗?你们这些小子。只是遇到了一点麻烦,其实那很容易解决的。不要被暂时的困难吓倒!"舒老师鼓励道。

可小瑞无奈地回答道:"我也希望很容易,可是事实并非如此。"

旁边的同学接着说:"事实上很多问题我们根本解决不了。"

看到校车来了,舒老师对他们说:"那你们先回去吧,下次找机会就这些事我们再好好谈谈。"

小瑞和他的同学一道走了。

舒老师望着他们低头前行的背影,感到一种深深的担忧。他从来没想过这群原本优秀的学生竟会如此否定自己,尤其是在初中时充满活力的小瑞。

他们的眼神是那样的迷茫,他们的话语是那样的无奈,他们看上去透着一种忧伤。自己必须要做点什么来改变这样的局面了,舒老师想,因为这些学生的未来还很长。

一个星期五的下午,舒老师叫学生们拿出几张纸,写上其他同学的名字,每个名字之间留点空白。然后,他让学生们将每个同学的优点全写下来,想到多少,就写多少。

学生们立刻露出了兴奋的神情,每个人都很认真地写了起来。

下课时,所有人都将自己写的纸条交了上来,小瑞也不例外。

接下来的星期六,舒老师在另外的纸上写下每个学生的姓名,然后将其他学生写的评语记在名字后。

星期一上课时,他将每个学生的评语发给他们本人,全班学生都喜出望外。有一些人得到的评语很多,满满两张纸。

舒老师听到有些学生小声地说,"这是真的吗?""我从不知道那对别人有那么大的意义。""我不知道其他人那么喜欢我!"

在那以后,学生们并没有在课堂上再提到这件事。舒老师也不知道他们是否会在课后与他们的父母讨论这件事,不过那无关紧要,因为目的已经达到了,学生们又恢复了他们的自信心,同学之间也更加友好了。后来,这届学生都顺利毕业了,很多学生高考考得很好。但是,小瑞却是一个例外,他落榜了,后来去了南方打工。

舒老师清楚地记得,小瑞高中毕业的那年是 1992 年。

时间过得飞快,转眼间到了 2004 年。就在国庆节的前夕,舒老师突然接到小瑞打来的一个电话:"邀请舒老师参加我的结婚典礼,并请您一同出席对当地小学的一个捐赠仪式。"

舒老师很高兴地应允了,他早听说,今天的小瑞已经是一家房地产的老板了,据说,资产上亿元。

婚礼在上午举行,同时还有个捐赠仪式。小瑞看上去还是那么英俊,新娘也非常漂亮。饭店里聚集着小瑞的亲朋好友,还有当地的媒体。因为来宾有很多是舒老师的学生,舒老师受到了格外尊重,成了新郎新娘之外的焦点。

先是结婚典礼,后是捐赠仪式。原来,小瑞要出资盖一所小学,改善学生们的学习条件,把这样的善举放在自己的婚礼中,也是让婚礼变得更有纪念意义。

捐赠仪式开始了,小瑞把一张 50 万元的支票交到了镇长的手里。按照惯例,接下来是小瑞的捐赠感言。小瑞说道:

"有很多人说我掌握了成功的秘方才有今天,那我今天就给你们看点东西。"说着,他接过司仪递过的公文包,从里面拿出两张纸。它们看上去很旧了,显然被折过很多次。

"这就是我的秘方!"小瑞扬扬手中的纸接着说,"高考时我虽然落榜了,但我没有自卑,因为秘方告诉我,我不比任何人差,一定有适合我去的地方;我去了南方,面对繁华的城市和激烈的竞争,秘方告诉我,我不比任何人差多少,我一定会获得成功;我没有高大威猛的外表,秘方告诉我,我有女孩喜欢的地方,一定会娶到世界上最贤惠、最美丽的妻子。诸位,想知道给我这个秘方的人是谁吗? 他就是我高中的老师舒启国先生。"

所有的目光都投入到舒老师的身上,他被簇拥着请上礼台,小瑞给他戴上早已准备好的花环,礼堂里又一次响起了雷鸣般的掌声。

第二天,在当地一家报纸上出现这样一条新闻:"优点单——企业家成功的秘方"。

赏识,就是少一些偏见,多一些平等;少一些歧视,多一些尊重;少一些冷眼,多一些赞许,让每一个学生都均衡地享受到温暖的阳光,让每一个学生都升腾起对老师的敬仰和对自己的自信。

赏识,会让无论哪一个层次的学生都能获得一种心理上的满足,从而产生一种积极向上的原动力,使他们的潜能和情感奇迹般地激发出来!

聪明的教师,你不应该吝惜对学生的赞美!

经常听到学生议论,说他们喜欢某位老师,听课兴致高;不喜欢某位老师,听课时老是昏昏欲睡;或是喜欢某位老师,因此也喜欢那一门学科;不喜欢某位老师,所以连带着也讨厌那一门学科。

事实上,能否赢得学生的尊重和爱戴,不是单方面因素决定的。老师的学识、能力、性情、品德修养等综合素质融铸成的人格,才是老师吸引学生注意力的主要源泉。

富有人格魅力的教师如同一种黏合剂,能将每个学生紧紧地凝聚在他的周围;富有魅力的教师能以独特的教育风格,让学生迷恋他的教诲。

现代教育家夏丏尊先生在谈到著名教育家、艺术家李叔同时曾说过:"李先生教图画、音乐,学生对图画、音乐看得比国文、数学等更重。

这是有人格作背景的缘故。因为他教图画、音乐，而他所懂得的不仅是图画、音乐；他的诗文比国文先生的更好，他的书法比习字先生的更好，他的英文比英文先生的更好……这好比一尊佛像，有后光，故能令人敬仰。"

一位人格高尚的老师好比一尊佛像，多么贴切的比喻！

众生敬仰佛像，那是因为佛的心中有着众生；让人尊敬的人，首先都懂得尊重别人，就如舒启国老师一样，尊重每一个学生，发掘、欣赏，并告诉学生他们自己的优点。

舒老师可以说是一位了不起的老师，一纸优点单就赢得了学生的尊敬，并且是一生都不会改变的尊敬和爱戴。

舒老师把他对学生的爱和欣赏都倾注在赞扬中，让学生在重新获得自信心的同时，也收到了老师对他们充满了欣赏和希望的讯号。

舒老师的聪明之处还在于，他把这个有趣的、令人振奋的活动在全班同学之间开展，让每个学生都收到了来自全班每一个同窗的赞扬。

这样的写满优点的一页或两页纸，对一个学生来说，拿起它，比秋天结的满树的果实还要沉甸甸；得到它，比一生赚到的财富还要贵重！

这样的优点单，是要一辈子小心翼翼地珍惜收藏的；这样的老师，是要一辈子都要在心中尊敬和爱戴的！

学生受教育的过程应该是一种人格完善的过程，这在很大程度上取决于教师本身的人格魅力对学生所施加的影响。

教师人格的影响具有导向、凝聚、让学生亲师等多种功能。教师的良好人格品质一旦得到学生的认同，就会激起学生的学习需要，从而由认同到模仿乃至内化。

教育力量只能从人格的活的源泉中产生出来。任何规章制度，任何人为的机关，无论你设想得如何巧妙，都不能代替教育事业中教师人格的作用。

所谓"己不正焉能正人"。唯有如此，学生才能敬其师，信其道。可以这么说，你的人格力量是素质教育的重要保证。

在每个学生的成长过程中，困难和挫折都是难免的，错误和失败也是必然的,你不应让学生在恐惧中奔跑,而要把他们学习的过程变得阳光灿烂,让学生在愉悦中成长。

所以,你要及时发现学生的闪光点,赏识他,给他以信心。因为学生的自信无论对学生的学习还是一生的发展都至关重要。

只有懂得欣赏学生的老师才是好老师,只有能发掘学生优点的老师才能赢得学生的心!

尊敬的老师,请欣赏你的学生,找出他们的优点,转化他们的缺点,表现出你高尚的人格魅力吧!因为这才是你作为一个教育工作者的真正力量所在!

请你也给你的学生开一张列满了连他自己都没有发觉的优点的清单吧,相信他一定会一辈子珍藏的!

接下来,我还要奖励你

中国古代教育家孔子主张教师在教学中要善于"因材施教",注意发展每个学生的个性特长;要做到"有教无类",追求受教育权的平等。《学记》更指出,教学要"导而弗牵,强而弗抑,开而弗达"。这些都是中国先人尊重学生的光辉思想。

在西方近现代教育发展史上,卢梭的"自然教育论",爱尔维修的"智力平等说",狄德罗的教育民主化与世俗化主张,以及裴斯泰洛齐的"和谐发展"思想,更是把对学生的尊重看成是教育成功的基本原则。

新教育思潮的代表人物爱伦·凯反对压制学生的个性和施行体罚,倡导教育的民主和自由;蒙台梭利则更呼吁社会要尊重学生的人格,爱护他们"纯清而又敏感的心灵";伟大的前苏联教育家马卡连柯创立的"严格要求与尊重信任学生"的思想,至今仍是我国教育学上的一个基本原则。

翻开这些中外教育史,我们可以看到,尊重受教育者,一直是中外教育家的共同目标和理想。近年来,更有人提出"向孩子学习"的概念。这种"尊重的教育"理念,在无形中指出了教师必须具备的人格素质——尊重自身、尊重教育、尊重学生!

教育的前提是尊重。人皆有自尊心,皆有人格尊严,处在成长期的学生的自尊心更是敏感与脆弱,更需要教师发自内心的呵护与爱惜,需要教师来自灵魂深处的尊重与信任,从而使学生能够在一种健康、自由、愉快的环境中接受教育、自觉学习。

当年,陶行知先生在育才学校任校长。

一天,陶行知在校园里看到男生王友正想用泥块砸自己班上的男生,他当即制止了他,并告诉他放学时到校长室等候。

放学后,陶行知来到校长室时,王友已经等在门口准备好挨训了。

看到王友那害怕而又叛逆不服的样子,陶行知并没有板起严肃的面孔,反而从兜里掏出了一块糖,笑着递给王友,说:"这是奖励你的,因为你按时来到这里,而我却迟到了!"王友惊疑地接过糖果。

随后,陶行知又掏出第二块糖放到王友的手里,同样笑着说道:"这块糖也是奖励你的,因为当我不让你再打人时,你立即就住手了,这说明你很尊重我,我应该奖励你!"王友更惊疑了,眼睛睁得大大的,瞪视着手中的糖果。

接着,陶行知又掏出了第三块糖,再次把它塞到了王友的手里,说:"我调查过了,你用泥块砸那些男生,是因为他们不遵守游戏规则,欺负女生;你砸他们,说明你很正直善良,有跟坏人作斗争的勇气,我应该奖励你啊!"

捏着手中的三块糖,王友感动极了,他流着眼泪后悔地说道:"陶……陶校长,你……你打我两下吧!我错了,我砸的不是坏人,而是自己的同学呀!同学再不对,我也不能采取这种方式啊!……"

这时,陶行知满意地笑了,随即又掏出了第四块糖递过去,说:"为你能够正确地认识到自己的错误,我再奖励给你一块糖。可惜我只有这一块糖了,我的糖没了,我看我们的谈话也该结束了吧!"

说完,陶行知就走出了校长室,留在身后的是王友那感激的目光和敬佩的眼神!

尊重可以使人理智,也易使人悔过。它往往可以唤醒人的良知,从而产生无法估量的教育效果。

作为教师,我们都不可避免地会遇到各种各样的违纪学生。当我们面对这些犯错误的学生时,应首先考虑到对他们尊严的爱护,切不可动辄就穷追猛打,将他们逼上没有退路的绝境。

如果学生是在鞭打厉喝中"成才",是在侮辱践踏中长大,那么,即使他不是"畸形",心灵也会有所扭曲,其日后的人生也不知要走过多少弯路才能得以"矫正"!联想起近几年上演的一出出因教育方式不当而引发的校园悲剧,哪一幕不是与此有关?

学生是人,而且是一群需要我们帮助指导的年轻人。因此,我们应该耐心地从各方面帮助他们树立高尚的人生目标,矫正各种不良习惯,及时地帮助他们解决各种影响学习的困难,以促使他们学有所成、德才兼备。

而在这所有的一切之中,尊重是最重要的教育元素——尊重学生的优点和特点,尊重学生的人生观和世界观,尊重学生的行为方式和处世信条,尊重学生的人格和尊严……尊重这些,就是在尊重我们自己的人格和尊严,并以这种尊重深深影响着我们的学生们!

尊重是人类各民族在漫长历史发展中形成的基本伦理理念或"最起码的道德共识",是人类传统美德的最基本的组成部分,也是人类自身人格魅力的一种体现。

然而,在中国传统的认识中,尊重通常是对上的,如尊老爱幼、尊师爱生等。在人们的观念中,孩子往往是处在受保护、受教育之列的,却常常不会包括在受尊重的范围内,要求孩子得到承认和尊重的呼声很弱。

但事实上,孩子尽管依附于师长,但也有被人尊重的需要。一旦需要得以满足,他们就会有力量,就会前进,就能发展。从教育学的角度讲,尊重也是教育的重要原则。因此,尊重学生的人格、尊重学生的发展,应该是教育的基础,也是一个教师应有的人格品质。

上面讲述的四颗糖果的故事可以说是经典中的经典,凡是有人说到教育,有人谈到陶行知先生,这个故事都会成为最好的例证。有人说,陶先生懂得赏识的艺术,偶然的一次接触,就能从一个打架的学生身上发现四个优点;也有人说陶先生善于技巧的批评,能够让学生在一片赞扬声中明白自己的错误……

可以说,每一个说法都不无道理,也都很发人深省。但是,如果我们细细体察整个谈话的过程,就会发现,真正让小同学王友充分认识到错误的最重要的一点,就是陶先生对他的尊重。

面对犯错误的学生,陶先生"反其道而行",没有批评,没有斥责,没有让学生先写一份检查,更没有找来其家长"共同教育",而是把自己摆在了与学生平等的地位上,赞扬了这位同学身上的每一个"闪光点",充分体现了他对学生人格的尊重。

在整个谈话过程中,没有训斥和说教,我们感受到的只是陶先生的平等、真诚和亲切,四块糖果也因此显得如此珍贵而没有半点的虚伪和造作,而陶先生得理也让人的胸襟与风范更是让人感受到平和、亲切的人格魅力!

这就是所谓的"尊重的教育",即以心灵赢得心灵,用人格塑造人格!与那些"急风暴雨"似的教育方式相比,哪个更有效?答案不言而喻。

难怪陶先生提醒教师们要注意:"你的教鞭下有瓦特,你的冷眼中有牛顿,你的讥笑中有爱迪生。"尊重,是人格教育中的重要方式和特殊营养!

在美国,教师对学生说话的口气和方法,是特别讲究的。教师不但要认真倾听学生的话,而且有时还要蹲下来同学生对话,使学生感觉到教师在尊重他,并可避免学生有"低人一等"的感觉。

当学生做错事时的时候,美国教师也不得横加斥责,更不能当面说学生"不争气""笨蛋""没出息",因为这会深深伤害学生的自尊心,教师这样做无异于是一种犯罪!

而在中国,我们对于学生的教育,已经习惯了采取"自上而下"的灌输和强迫方式,缺乏对学生应有的尊重,忽视了受教育者的真实感受。

虽然每位教师都承认自己是爱学生的,自己的一言一行都是为学生好。但这样的"好心"和"爱心",的确常常会做出一些侵犯学生权利、损害学生尊严,甚至危害学生心理健康和生命成长的事情。

试想一下,在我们的身边,有多少善良的老师正在不知不觉,甚至"好心"地上演着"吃力不讨好""好心没好报""恨铁不成钢"等一幕幕教育的悲剧呢?

四年级的小华放学回家,心有余悸地告诉妈妈:"妈妈,今天老师检查我的作业时,我吓得直哆嗦!"

"为什么呢?"

"因为我们有的同学作业写得不对,老师就撕了很多同学的作业本,还撕了几个同学的书,我怕老师也会撕我的作业……"

望着孩子惊慌的小脸儿,妈妈的心里感到一阵悲哀。

看到这里,你是否也感受到一种悲哀?为什么有的老师的教育还停留在如此简单、粗暴的方式上?对犯错误的学生,除了训斥、罚站、撕书,难道就再也没有其他的方法了吗?

教育是爱的艺术,而尊重是爱的营养。睿智的爱,需要教师真正走进学生的心灵,尊重学生权利,时时处处站在学生的立场上考虑问题,理解他们的追求,感受他们的喜怒哀乐,真正做到"一切为了学生"。

而那种不顾学生感受的讲解、不容学生辩解的批评、剥夺学生权利的做法,甚至侵犯学生尊严的辱骂,则根本不能被称之为爱,而学生也不可能接受!因为这种爱已经失去了尊重的养分,只是一种自以为是的践踏!

教师培养和教育学生,一定要懂得尊重他们,以平等的态度对待他们,承认他们是权利主体,有着独立的人格和尊严;承认他们有着自己的内心世界,绝对不能用我们成年人的方式去看待他们。

任何人都是有面子的,也是爱面子的,青少年学生尤其如此,且他们爱面子来得更感性、更直接。所以,作为一个合格的教师,你首先要做到的就是尊重学生的人格,保护学生的自尊,用你的人格魅力去感染他们!

尊重是进行教育的前提,而这种尊重本身,就是对学生最好的教育。

作为教师,你应该首先从尊重这个起点开始,努力为学生们创造一个愉快而自由发展的环境,为学生们树立一个良好的榜样,让他们在你的人格魅力的感召下,学会尊重——尊重自己,同时也尊重他人!

所以,请放下你"绝对权威"的架子,俯下身来,听听学生们的心声吧!不要伤害他们的自尊,不要扼杀他们的自信!

请用尊重与鼓励做成一颗颗"糖果",放在学生们的手中,让每一名学生都在你伟大人格的光环下茁壮成长,并放射出绚丽的光彩!

给学生一个坚定的信念

人们常说的一句话:说你行,你就行,不行也行;说你不行,你就不行,行也不行。这句霸道的俗语,通常是说有权威的人手中总是掌管着对别人的控制,甚至是生杀予夺的大权。

请注意,其实,具有这样权力的人并不都是那些位高权重、声名显赫的政界要人,也包括被人们也被自己忽略的千千万万的平凡而又普通的教师!

教师确实具有这样的权力!

很不可思议,是吗?

可这是千真万确的事实,每一位老师的手中真的都掌握着这样的控制许多人的权力,而且可以说掌握着很多人的命运,只是往往他们自己都不知道手中这项权力的存在。

西方心理研究人员曾经做过这样一个实验,他们提供给一个学校一些学生名单,并告诉校方,他们通过一项测试发现,该校有几名天才学生,只不过尚未在学习中表现出来。

其实,这是从学生的名单中随意抽取出来的几个人。然而有趣的是,在学年末的测试中,这些学生的学习成绩的确比其他学生高出很多。

研究者认为,这就是由于教师期望的影响。由于教师认为这个学生是天才,因而寄予他更大的期望,在上课时给予他更多的关注,通过各种方式向他传达"你很优秀"的信息。学生感受到教师的关注,因而备受激励,学习时加倍努力,取得了好成绩。

与此实验相反,对少年犯罪儿童的研究表明,许多孩子成为少年犯的原因之一,就在于不良期望的影响。

他们因为在小时候偶尔犯过的错误而被自己、家人或老师贴上了"不良少年"的标签,这种消极的期望引导着孩子们,使他们也越来越相信自己就是"不良少年",最终走向犯罪的深渊。

一个人如果能得到一个备受鼓舞和坚定的信念,他就会通过付出超乎寻常的努力而最终实现这种斯望。

因此,要想使一个学生发展得更好,就应该给他传递积极的期望。期望对人的行为有着巨大的影响。积极的期望可以促使人向好的方向发展,反之,消极的期望则会使人向坏的方向堕落。

一个优秀的、懂得激励和信任的教师,通常会扮演以赞扬和鼓励的语言为学生提出期望或目标的角色,借以给予学生美好的愿望、积极的动力或是坚定的信念。

很多年以前,一个女孩儿在小伙伴家玩耍时发现一本封面破裂、纸面发黄的厚书。她惊奇地打开第一页,那个名叫"马卡连柯"的苏联教育家深深吸引了她。

长大后,女孩儿报考了天津师范大学。1986 年,当女孩走进天津市新华中学时,"当个好老师"就成为她第一天走上讲台时许下的诺言,她就是朱兆林。

一晃 17 年过去了,为了这一承诺,她献身讲台终不悔,为此倾尽了全部感情和精力,并逐步成长为一名同行敬佩,学生和家长爱戴的优秀的特级教师。

她曾教过一个叫赵宁的学生。这是个有着"领袖"能力的男生，曾经带着自己的足球队员偷偷翻过围网进场踢球；曾经为了"保护小同学"和人打架留下青紫的伤痕。

他各科成绩倒数第一，却有一个威武的绰号——"将军"。"将军"十分喜爱军事，不论上什么课，赵宁都会借回答问题开始"军事话题讲演"。

一天，朱兆林刚进课堂，赵宁就又成了"被告"。同学们七嘴八舌地向朱兆林报告今天"将军"闯祸的经过。

她听了一会儿，扬手让大家安静："同学们，我清楚了，他又'挺身而出'了是吧？"

停顿了一下，朱兆林大声说："挺身而出才是合格的军人！也许未来共和国将军中就有赵宁的名字，他很可能就是我们的骄傲！"

全班默然。

"也许未来共和国将军中就有赵宁的名字，他很可能是我们的骄傲！"这句话仿佛一针兴奋剂，不仅让全班同学震动，更让那位"将军"的心受到了莫大的震撼。

从此，"将军"被"提审"的次数越来越少，他对朱老师发自内心地折服了。

一次，他没完成作业，朱兆林批评了他。

转天，一份"诗经体"的检查放在朱兆林的案头：呜呼悔矣，未完吾题。浩浩优化（指作业），所作无几。面对检查，羞愧至极。痛心疾首，满面流涕。呜呼惜矣，错失良机。心中悔恨，难以平息。高考已近，不思进取。恩师心碎，无颜见伊……敬望恩师，严加看管。下不为例，绝不再犯！

朱兆林读着这份整整800字的"检查"，深受感动。课堂上，她浓墨重彩地评说了这份"检查"，全班同学竟然听到痴迷程度。

后来，这个入学成绩全年级倒数第一的学生，最后竟以550分的高考成绩考上了中国人民解放军电子工程大学，踏上了他迈向"将军"行列的人生之路。

临行前,赵宁把他在国家级围棋赛上获得的奖品——一支金笔送给朱兆林作纪念。

告别老师时,赵宁的眼睛里噙满了泪水。他动情地说:"朱老师,收下吧。您不是说我能当将军吗? 等我得了军功章,再拿它换这支笔好不好?"

看来,当共和国的将军的理想从那时就已经深植在赵宁的心中,朱兆林的鼓励和信任在学生的心中化为了一个美好的理想和一种坚定的信念。

朱兆林曾说:"成长需要鼓励。在前进的道路上,无论失败或成功,都可能成为沉重的负担,也都可能成为新的动力。恳切的激励,能让失败孕育成功,一味地苛求与责难,会使成功的喜悦化为乌有。面对失败或成功的结果,孩子最需要成人的安慰和鼓励,学生最期待教师公正的评价和积极的肯定。对一个孩子来说,一使劲就提上来,一松手就掉下去,我们每一位教师都执掌着孩子们的未来啊!"

朱兆林把每个学生都看成一个新的世界,她爱他们,细心探索他们丰富而脆弱的内心,欣喜地发现他们每个人身上哪怕是稍纵即逝的闪光点。

她生怕一句不当地批评伤了学生的自尊,更怕一不小心毁掉了一个未来的爱因斯坦。

她说,当教育之爱成为普照的春晖时,师生之间的爱的能量就会在交换与互动中不断裂变,产生一个个教育的奇迹。

当教师的爱与鼓励,化为一个个美好的梦想时,那一个个坚定的信念也就同时在孩子们的心中升腾!

"也许未来共和国将军中就有赵宁的名字,他很可能就是我们的骄傲!"

这是一句多么令人激动,令人憧憬的预言!这样的话语,无论对于一个本来就非常优秀的孩子,还是一个顽劣不堪的孩子,都会产生不可思议的震动效果。

因为不仅这样的信念是让人震撼的,更主要的是说话的人——孩子的老师,是一个让他深深地信赖和尊敬的人!

你呢?是否也用自己人格的力量改变过学生的命运?尤其是那些"差生"?

在学生的心目中,教师就是社会的规范、道德的化身、人类的楷模。学生们都把师德高尚的教师作为学习的榜样,模仿其态度、情趣、品行,乃至行为举止、音容笑貌、板书笔迹;相信教师每一句真诚的话语,更会激动于教师的每一句赞美和每一个期望!

所以,激励和赞赏不仅是教师的一种教育方法,更是一种责任,是其杰出人格的一种外在表现!

俄国教育家乌申斯基说过:"在教育中,一切都以教育者的人格为基础。"教师的人格决定着他会选择什么样的教育方法和手段,而教育的方法和手段又决定着教师的威望和学生对教师的信赖程度,乃至学生人格的最后形成。

孔子曰:"其身正,不令而从;其身不正,虽令不从。"由此可见教师人格的力量。教师的人格就是教师师德的有形表现,高尚而富有魅力的教师人格能产生"身教重于言教"的良好效果。

学生往往从教师的言谈举止中发展其性格,从教师的品行中形成其品德,从教师的威望中完善其人格的全部含义。

大家都知道,班级中如果有一两个难以教育的学生并不可怕,可怕的是整个班风变坏。而一个班级的班风,在一定程度上就是其班主任人格的放大;而一个学校的校风更是其校长人格的扩展。

"人格"一词,在汉语的词义上,可作两种解释:一是心理学里的个性,主要是指气质和性格;二是社会学里的品格。

前者是指个体的差异,可以叫人格的个性特征;后者是指道德品质的高低,可以称人格的品格特征。但两者又密不可分,很难区分开人格的个性特征和品格特征。

教师的人格,体现着教师之间的个性差异,诸如健康的情感、坚强的意志、稳定的态度、积极的兴趣、刚毅的性格和良好的品性等,这些因素在不同教师身上的不同组合,使教师呈现出不同的精神风貌。

教师的人格,又是社会关系和道德关系在教师个人身上的内在表现,它反映在教师为人处世的道德风尚上,体现在教学风格中,表现在德育的环境里。

在教育中,一切师德要求都基于教师的人格,因为师德的魅力主要从人格特征中显示出来。历代的教育家提出的"为人师表""以身作则""循循善诱""诲人不倦""躬行实践"等,既是师德的规范,又是教师良好人格的品格特征的体现。

学生天天要跟老师打交道,老师人格外化的每一个细节,学生最清楚。试想,如果教师的人格出了问题,言行不一,言而无信,如此还能使学生"健康"地成长吗?

当学生一旦接受了不良的人格信息,并内化为自己的行为准则,结果也就不言自明。这样的教师所培养出来的学生当然就不会具备高尚的人格。

优秀老师的优异之处并非仅仅是知识渊博,更重要的是人格高尚,并用一颗真诚的爱心和具体的行动体现其高尚的人格,借此示范并吸引学生。学生也会在老师的感召下,自觉模仿老师的一言一行。

教师的自身形象对于学生的发展具有强烈的外在示范性与内在感染性。因此,教师必须努力提高自身的思想品德修养,以自己的人格力量给学生营造一个深层次的育人环境。

学生生存坐标的选择,是在"外塑"与"内化"的共同作用下形成的。德育要在市场经济的巨大魔力面前塑造一代新人,除了依靠真理之外,更重要的是靠教育者所赋予的信念的力量。

用你的人格魅力去感染学生吧,让他们从你这里得到更多真理和更坚定的信念。因为有时,也许它确实只是几句赞赏的话语或一个信念!

在这个世界上,任何学生都应该拥有信念,只要他的老师能明白:所有成功者最初都是从一个小小的信念开始的。

"说你行,你就行,不行也行。"真的没有什么不行的,只要给他一个信念,并鼓励他坚持下去,他真的就会与众不同!

欣赏你的学生,并去激励他吧!

如果你对于各方面优秀的学生和那些犯错误的学生都能给予同样的关注和机会,他们必然都会表现出不同的优秀来;但如果优生得到的是表扬,"差生"得到的是训斥,这样只能使好的越好,差的越差。

美国哈佛大学的教育专家霍华德·加德纳的多元智能理论指出:每个人的智能都是多元化的,人类个体的不同在于所拥有的智能的程度和组合不同。因此,体音美或者其他方面的特长,同样都是高智商的标志。

用这种理论去看待学习成绩较差但有不同特长的学生,就会感到,他们很了不起,而根本不是什么"差生"。

这样的学生虽然学习成绩不是很好,纪律性较差,但是他们思维敏捷,社会适应能力强,将来在工作中往往能取得出人意料的好成绩。

而一些学习成绩好的学生,反而因为自视清高而找不到定位,或因为适应能力差,动手和交流能力欠缺而不适应社会。

因此,教师应该用一颗平等的心,公平地对待每一个学生,用相同的信念关注每一个学生,去捕捉每一个学生,特别是"差生"身上的每一个亮点,并把它努力放大。

一个优秀的教育工作者的字典里不应该有"坏孩子"这个词,我们要看到,每一个学生都有自己的优点和长处,就看当老师的能不能赋予他人生的信念了!

施展你的人格魅力,在你的激励与感召下,也许这个今天的顽童,可能就是明天的栋梁——你的手里掌控着这个权力——对学生,你是能够改变他们命运的上帝!

从做教师的那天起,就甘为人梯

英国学者贝尔在化学方面的天赋极高。有人曾经估计过,他毕业后如果研究晶体和生物化学,定会赢得多次诺贝尔奖。

但事实却让人感叹,贝尔并没有追求自己辉煌的前程,而是心甘情愿地选择了另一条道路——把一个个开拓性的课题提出来,指引别人登上了科学高峰。

谁会甘愿把自己的前途放弃,而为他人做嫁衣?谁会爱才如命,不惜一切帮助他眼中的人才?谁会甘为人梯,为培养人才而奉献自己的一生?

只有胸怀宽广的人会,只有淡泊名利的人会,只有无私奉献的人会,而这样的人组成了我们社会中的一个普通的群体——教师!

教师,有一种奉献精神、人梯精神、绿地精神。在人才的培养中,他们会以国家和民族大业为重,舍得牺牲自己的利益。

教师,能够慧眼识才,敢于放手用才,甘心提拔任用能力比自己强的人,积极为有才干的年轻人创造脱颖而出的机会。

教师,以对教育事业的忠诚和对学生的热爱,大力弘扬乐于奉献、甘为人梯的精神,全身心投入到为国家培养人才的崇高事业中!

徐悲鸿,不仅是我国现实主义绘画大师,也是一位杰出的艺术教育家。在他几十年的美术教育实践中,为我国发现、培养和帮助了数以千计的美术人才。

著名画家傅抱石和齐白石,曾被郭沫若称作画坛上的"南北二石",而这二石能够屹立画坛,在一定程度上都是借助于徐悲鸿的相识之力。

齐白石比徐悲鸿早生32年。但是,在徐悲鸿出生的时候,32岁的齐白石却尚未步入画坛——他刚从给人家做雕花木器的匠人,变成给人家描容、画花样子的匠人。

齐白石57岁来到北京,想以卖画维持生活,但因没有名气,即使他的画比一般画家的价格便宜一半,却仍然很少有人问津。

后来,他认识了陈师曾,这位曾留学日本的、比他小13岁的画家鼓励齐白石走自己的路。于是,齐白石开始了"衰年变法"。

从1920年到1929年,他"十载关门"大胆突破,艰难探索,终于"扫除凡格","变更"了面貌,他在美术界可以自立门户了。

不幸的是,他的"变法",在北京知音者寥寥。正像他自己说的:"懂得我的画的,除陈师曾外,绝无仅有。"而陈师曾又在他"变法"开始不久,于 1923 年谢世了。

齐白石孤立地站在北京画坛保守派的一片唾骂声中,他们骂齐白石的画是"野狐之禅""俗气熏人""不能登大雅之堂"等。

刚刚冲破藩篱的齐白石此时多么需要有识之人的提携啊!

在齐白石"十载关门"的最后一年——1929 年,徐悲鸿来到了北京,他一眼就发现了"衰年变法"之后的齐白石。

这时的齐白石年已 60 有 6,但在徐悲鸿看来,在中国画这个天地里,他仍然是一匹能够负重奔驰的千里马。

在反对派的鼓噪声中,徐悲鸿大声疾呼:

齐白石"妙造自然";

齐自石的画"致广大,尽精微";

……

徐悲鸿在展览会上率先把"徐悲鸿定"的条子挂在了齐白石的画幅之下。

徐悲鸿为齐白石编画集,亲自写序,送到上海出版。

徐悲鸿请齐白石到自己任院长的北京艺术学院当教授,并亲自驾马车接齐白石到校上课。

徐悲鸿对学生说:"齐白石可以和历史上任何丹青妙手媲美,他不仅可以做你们的老师,也可以做我的老师。"

徐悲鸿用他的真知灼见和大无畏的呐喊,为齐白石筑起了一堵高大的墙垣,挡住了来自四面八方的长枪短箭,终使齐白石得以成为举世闻名的大师。

1933 年,徐悲鸿正任南京中央大学艺术系教授。那年夏天,他带着学生到庐山写生,归来途经南昌。他的寓所每天都有造访的人,其中以青年美术爱好者为多。

一天上午,一个年近 30 岁的来访者走到徐悲鸿面前,深深地鞠了一躬。这人穿一件旧长衫,腋下夹着个小包袱。

徐悲鸿请他坐下。他没坐,打开包袱。拿出几块图章和几张画。

徐悲鸿看了图章的拓片,发现刻得很好,细看边款署名是:赵之谦。

徐悲鸿纳闷了,说:"这些图章……"

那人喃喃地回答:"是我仿的。为了生活,我仿赵之谦的图章卖。"

徐悲鸿说:"你完全不必要仿。你自己刻得很好嘛!"

那人没有再说什么。

徐悲鸿又看了他的画。他画的是山水,张幅不大,却气势恢弘,才一展卷,仿佛就有一股灵气扑面而来。

徐悲鸿对着画幅,久久凝视。他被征服了。

他问:"你现在做什么事?"

那人回答:"在小学里替别人代课。"

他又问:"你进过美术学校?"

回答:"没有,靠自己学的。"

徐悲鸿请他坐下,又问了些学画方面的事情,并约他最好晚上10点钟之后,再拿一些画来看看。

临走的时候,徐悲鸿请他留下自己的名字。

那人回答:"傅抱石。"

傅抱石回到家里,简直像范进中了举人一般,高叫着:"见到了!见到了!"并让妻子把家里的画都找出来,说:"悲鸿大师要看。"

他挑出自己比较得意的几张,卷在一起,包在包袱里,好不容易等到吃了晚饭,傅抱石便到徐悲鸿的住处来了。

徐悲鸿不在。有人告诉他:"徐先生留了话,晚上去赴个约会。10点钟才回来。"傅抱石站在门口,一直等到10点钟。

果然,徐悲鸿10点钟回来了,留下了他的画和地址,叫他回去了。

第二天一早,下雨。傅抱石在家里坐立不安,焦急难耐。他想立刻就知道悲鸿大师对他的画的看法。他甚至想以此来断定自己选了美术这条路究竟对还是不对。

他小小年纪就为生计奔波,跟一个修伞匠当学徒,挑着担子,走街串巷。仅仅凭着自己的爱好，他练习刻字，一直练到可以在一块米粒大小的象牙上，刻出整篇《兰亭序》。

后来，他又学治印，学画画。他是想把自己的未来，交付给水墨丹青的。但是，南昌虽然是大画家八大山人居住过的地方，而今日，却找不到一位能够问津引路的人。他已经29岁了，三十而立！他必须马上决定自己安身立命的道路。

雨，依旧下着，傅抱石忽然听到巷口有人说话，而且提到自己的名字。他从窗子向外看，惊奇地叫了起来："来了！来了！大师来了！"说着冲了出去，把冒雨来访的徐悲鸿接了进来。

他把徐悲鸿让到床边坐下。他不知道说什么好，站在那里，呆呆地看着尊敬的画家。

徐悲鸿说："傅先生的画，我都看了。顶顶好！顶顶好！"

傅抱石还是不知道该说什么。

徐悲鸿又说："你应该去留学，去深造，你的前途不可限量。"

傅抱石像做梦，更不知说什么好了。

徐悲鸿接着说："经费困难，我给你想办法。总会有办法的。你愿意到法国去吗？"

为了傅抱石留学的经费，徐悲鸿去找了当时的"江西省主席"熊式辉。

徐悲鸿对熊式辉说："南昌出了个傅抱石，是你们江西的荣誉。你们应该拿出一笔钱，让他深造。"

正忙于"剿共"的熊式辉当然不会对这事感兴趣。

徐悲鸿拿出一张画来，说："我的这张画留下来，就算你们买了我一张画吧。"

经过在场的人劝说，熊式辉勉强同意出一笔钱。但这笔钱不够傅抱石去法国留学的费用，傅抱石只好改去日本。

而傅抱石后来的成就果然证明了，徐悲鸿没有把人看错，傅抱石成了杰出的大师！

韩愈《马说》中有一段名言:"世有伯乐,然后有千里马。千里马常有,而伯乐不常有。故虽有名马,祇辱于奴隶人之手,骈死于槽枥之间,不以千里称也。"

不遇伯乐的千里马,即使有一日千里的能力,也只能辱没在马夫的手里,和普通的马一起拉车出力,行走田间,老死马厩。

有才华的人也一样,如果不能遇到赏识的人,没有爱才者的大力提携,最后也只能怀才不遇,郁郁终老。

而教师,就是肩负着识才、爱才、助才、育才重任的关键人物!

"齐白石可以和历史上任何丹青妙手媲美,他不仅可以做你们的老师,也可以做我的老师。"

作为一位中国画坛的名家,能够如此诚恳又谦逊地对自己的学生推荐一个籍籍无名的人,并承认他高于自己,徐悲鸿的这种大度和气量不仅让所有世人钦佩,更让许多名家汗颜。

可以说,没有徐悲鸿的摇旗呐喊,中国画坛就不会有世界闻名的齐白石;没有徐悲鸿的鼎力相助,傅抱石就只能是个手工精湛的刻字艺人。

徐悲鸿对"南北二石"的赏识和帮助,不仅表现了一个伟大画家宽阔的心胸,更体现了一个教育者勇于奉献,甘为人梯的人才观。

而那些人格高尚的教育家们大都有着同样的心胸。

我国著名数学家华罗庚,是自学成才的典范,在代数、矩阵几何、多复变函数、数论等方面作出了杰出的贡献。他在中学时代也曾受过其数学老师王维克的悉心栽培。

后来,华罗庚把老师的栽培回报给教育,除了致力于自己的科学研究之外,还非常注意发现和培养有潜力的年轻数学人才。

华罗庚教授为了祖国科学事业的进步,他不顾个人名利,对人才兼容并蓄,毫无门户之见,不遗余力地培养出了一批顶尖人才,如陈景润、王元、万哲、杨乐、许孔时、吴方、魏道政、陆启铿、龚升等,举不胜举。

他还积极倡导在全国中学生中开展数学竞赛,并亲自撰写通俗易懂的数学课本,为培养人才费尽了心思。

1977 年,华罗庚教授在新疆时道出了他甘为人梯的心声:"我想,人

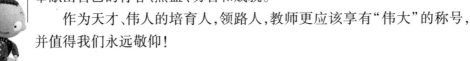

有两个肩膀，我要让双肩都发挥作用。一肩挑起'送货上门'的担子，把科学知识和科学方法送到工农群众中去；一肩当做'人梯'，让年轻一代搭着我的肩膀攀登科学的更高一层山峰，然后让青年们放下绳子，拉我上去再做人梯。"

政治家、军事家、科学家、教育家都可称得上是伟大的人物，但在这些人的背后一定都有一批启发、教导、关爱过他们的优秀教师。

其实无须去纵观历史，横看社会，我们也知道但凡有成就，干出一番事业的伟大人物，他们的身后大多都会有一位或多位了不起的教师。

教师的伟大不在于他们自己是多么伟大的人物，而在于他们能激发学生成长的灵感，给予学生前进的动力，更在于他们甘心为学生，为教育奉献出自己的青春、热血、功名和成就。

作为天才、伟人的培育人，领路人，教师更应该享有"伟大"的称号，并值得我们永远敬仰！